REPUBLICANOS

Guión cinematográfico

por Fernando Lago

<u>SINOPSIS</u>

El buque *Mar Cantábrico*, un mercante confiscado por
el Gobierno de la República durante la Guerra Civil
Española, carga varios aviones y toneladas de alimentos
en Nueva York en el invierno de 1936-1937.

Las dificultades que ponen las autoridades de EE.UU.
para la salida del barco obligan al embajador español en
México a viajar a Washington y a Nueva York. En esta
ciudad nuevos tripulantes se incorporan al rol del buque.

El mercante parte de Nueva York el 6 de enero,
escoltado por guardacostas norteamericanos. La noticia
tiene amplio en la prensa de este país.

Permanece un mes en Veracruz, donde completa su
cargamento bélico con municiones y armas, todo ello con
destino a las tropas leales y, tras cambiar de nombre y
ostentar bandera inglesa, es capturado a cien millas de
su objetivo, Santander. La Marina franquista logra
localizarlo al descifrar mensajes del ministro Indalecio
Prieto al presidente vasco Aguirre.

El crucero franquista *Canarias* obliga al mercante a
navegar hasta Ferrol, donde, en dos consejos de guerra,
la tripulación, una verdadera brigada internacional de
sesenta hombres y una mujer, es juzgada, siendo una parte
condenada a muerte por fusilamiento y otra a cadena
perpetua.

La aventura de los tripulantes del buque,
encabezados por el delegado del Gobierno, el capitán y el
cabo Cumba, está narrada por un historiador, cuyo trabajo
transcurre entre el archivo donde busca la información y
su casa, donde redacta el guión de un cortometraje,
desenvolviéndose una historia secundaria personal, en la
que este persoanje establece una relación con una
descendiente del capitán del barco, dando pie a una
reflexión sobre la permanencia del pasado.

El relato es la historia de un viaje, con el escenario al fondo del aislamiento internacional de la 2ª República española y la repercusión mundial de la Guerra Civil, al tiempo que el destino de cada uno de los personajes y una reflexión sobre la recuperación de la memoria histórica.

Este guión está basado en la historia real recogida en *Armas para la República. La aventura del Mar Cantábrico* (de Xosé Manuel Suárez, Edicións Embora, 2009), pero se añaden personajes ficticiso y un final cinematográfico que bien pudo ser realidad.

Capitán Serafín Santa María.
Delegado José Otero.
Embajador Gordón Ordás.
Amancio Ferreiro.
Cabo José S. Cumba.
Socorro Barbarena.
Eugenio Llorens.
Santiago Bilbao.
Tomás Urdiain.
Salvador Coll.
Sara Santamaría.
Lupita.
Comandante Salvador Moreno.
John T. Bernard.
Esther Casares.
Pedro A. Pérez.
Juan Birlanga.
Juan Boo.
Martin J. Golden.
Manuel Zabala.
Ricardo Solórzano.
Izvetan Kovtechev.
Luis Martínez.
Evaristo Peris.
Miguel Ortiz.
Ángel Aranaga.
Jesús Barreiro.
Alejandro Franco.
José Carlos Gallo.
César Vega.
Maximino Almenar.
Jaime del Valle.
José Tomás Fernández.
Andrés García.
Juez instructor.
Secretario.
Fiscal consejo de guerra.
Defensor consejo de guerra.
Funcionario Gobierno EE.UU.
Alférez Lostau, *Canarias*.
Oficial de derrota, *Canarias*.
Presidente Congreso EE.UU.

Periodista norteamericano.
Un congresista.
Presidente Comité Frente Popular de Valencia
2 inspectores.
2 agentes de policía.
Piloto del avión de Gordón.
Don Avelino.
2 enterradores.
Un oficial de infantería de Marina.

1.EXT. ENTRE ÁRBOLES, EN UN CLARO DE UN BOSQUE. DÍA.
  La CÁMARA muestra la línea de la superficie de
  tierra. Bajo ella unos esqueletos humanos
  amontonados en una fosa común. Irrumpen hombres con
  una pala excavadora. Empiezan a cavar en la vertical
  de los cuerpos y vemos cómo se van acercando a los
  restos enterrados.

                        AMANCIO FERREIRO (EN *OFF*)
              Bajo tierra 60 años.
              Todo este tiempo
              olvidados, sin saber
              nada de ellos...
                    (pausa)
              Cuando inicié la
              investigación para un
              corto sobre el
              suministro de armas en
              la Guerra Civil, no
              imaginé nunca que el
              caso del barco MAR
              CANTÁBRICO me llegara a
              apasionar tanto.
              No sabría decir por qué:
              aquellos hombres
              vivieron intensamente su
              aventura, inconscientes
              de un destino trágico,
              marcado por
              circunstancias
              desafortunadas.

2.EXT. EL MAR. DÍA.
  Sobre la pantalla en negro se escuchan el mar y los
  motores de un barco que se acerca. <u>TÍTULOS DE LA
  PELÍCULA</u>. La CÁMARA se abre y vemos el agua y la
  quilla de un barco rompiendo la superficie. Desde un
  plano en detalle de la quilla la cámara va abriendo
  plano hasta ver la proa y el nombre del barco (MAR
  CANTÁBRICO), luego toda su eslora. Aumenta poco a
  poco hasta un plano general que va empequeñeciendo
  el buque en el océano.

3.INT. TEATRO JOFRE. FERROL.

SOBREIMPRESIÓN: **Teatro Jofre. Ferrol, 1936.**
Sobre el escenario una mesa larga. Al fondo cuelga
una gran pancarta: QUEREMOS TRABAJO Y ESTATUTO DE
AUTONOMÍA. A cada lado del lema: banderas de
Galicia y tricolores republicanas. Delante: un gran
micrófono de la época sostenido por un pie metálico,
entre la mesa y un público que sólo oímos (no lo
vemos) y que llena el local de ovaciones y gritos de
vivas a la República y a Galicia. Se escuchan como
ecos fragmentos de discursos diferentes...

                         ORADORES (VOCES EN *OFF*)
          Somos autonomistas por
          ser de izquierdas y por
          ser antifascistas...
               (aplausos)
          Tenemos que ser los
          obreros la piedra
          angular de la Autonomía,
          eso sí, en fraternidad
          con todos los pueblos de
          España. La Autonomía de
          Galicia resucitará las
          energías de una nueva
          Galicia contra el
          fascismo.
               (aplausos)
          El pueblo español ha
          barrido la putrefacta
          monarquía y nuestro
          deber ahora es
          consolidar la República.
          La clase trabajadora es
          el sostén más firme de
          la República, implantada
          por voluntad del pueblo
          soberano...
               (aplausos)

          SUENA DE FONDO UNA CANCIÓN REPUBLICANA.

4.EXT. PLAZA DE LAS ANGUSTIAS. FERROL. ATARDECER DE
VERANO.

El CENTRO OBRERO DE CULTURA (un edificio de balcones
y galería con su nombre rotulado en la fachada)
muestra las huellas ennegrecidas de impactos de
artillería. Por las ventanas hombres de camisa azul
(falangistas) y soldados del Regimiento de
Artillería de Costa lanzan libros a la calle, donde
otros los apilan y les prenden fuego. La cámara
muestra los títulos de algunos (mientras las
cubiertas comienzan a quemarse): *La rebelión de las
masas*, de Ortega y Gasset; *La República*, de Platón;
Federalismo, socialismo y antiteologismo de Bakunin…
La gente se detiene en la calle y observa.

LA CALLE SE LLENA DE UN HUMO GRISÁCEO QUE SE ELEVA
EN COLUMNA Y VE LA CÁMARA.

5.EXT. EN UNA CALLE DEL CENTRO DE FERROL. DÍA. INVIERNO.
La CÁMARA se abre sobre un gran escudo de la época
franquista, con el águila imperial y la leyenda *Una,
Grande, Libre*. Está sobre un portal de estilo
neoclásico. Una placa metálica expone: *Archivo de la
Zona Marítima del Cantábrico*. AMANCIO FERREIRO, el
historiador que hemos visto trabajando en la fosa,
con abrigo, está frente a una puerta enrejada
cerrada. Aún no le vemos la cara. Oprime la tecla
del portero automático que pone ARCHIVO. No contesta
nadie. La pesada puerta se va abriendo despacio.
Antes de que se abra del todo el hombre, impaciente,
se cuela dentro.

6.INT. ARCHIVO DE LA ARMADA. DÍA.
AMANCIO FERREIRO sube unas escaleras de mármol hasta
una planta con suelo de baldosas. En un extremo hay
una pequeña mesa de madera, cerca un acuario de
aguas verdosas. También se ve la puerta metálica
verde de un ascensor viejo y estrecho. Encima de la
mesa vemos un libro oficial de registro, abierto.
Detrás, un marinero de la Armada le recoge el DNI.
Anota su nombre (LO VE LA CÁMARA EN DETALLE):
AMANCIO FERREIRO, el número del DNI y la hora de
entrada. Le entrega una tarjeta plastificada, con
una pinza metálica, que sólo pone en letras negras
"VISITANTE". La CÁMARA nos permite ver su rostro.

AMANCIO FERREIRO entra en el estrecho ascensor y
pulsa el botón del tercer piso. El viejo aparato
arranca con un estremecimiento y sube lento, dando
leves sacudidas.

7. INT. SALITA DEL ARCHIVO DE LA ARMADA. DÍA.
AMANCIO FERREIRO ha dejado el abrigo sobre una
silla. Es una vieja habitación con estanterías de
madera llenas de libros viejos, diarios oficiales
antiguos; el suelo de tablones gastados pero
barnizados. Sobre una pared cuelga un calendario con
la imagen de un barco militar: **ENERO 1996**. El hombre
acerca su mano al radiador de agua. La calefacción
arde. Abre la ventana de aluminio blanco para que
entre el aire, a pesar de ser invierno. Cerca de la
ventana, la única en la habitación, coloca una mesa
que cojea y tiene que ponerle bajo una pata una
cuña de papel doblado. Sobre la mesa dejar caer un
sumario, un montón de folios amarillentos, cosidos
con cordel y numerados a mano. Las hojas están
escritas a máquina, y algunas manuscritas. Vemos que
es el sumario 50/1937. El hombre coge una cámara
digital compacta. Ojea con rapidez el contenido de
los folios cosidos y decide, tras ojearlos, cuáles
fotografía y cuáles no. Lee sentado, pero se levanta
para fotografiar.

8.INT. UN PEQUEÑO CUARTO QUE SIRVE DE ESTUDIO. NOCHE.
AMANCIO FERREIRO está escribiendo en un ordenador en
su estudio. Por momentos deja el documento y
observa en el monitor las imágenes que ha tomado de
los folios del sumario 50/37. Vuelve al documento de
texto y escribe (escuchamos EN *OFF* mientras vemos el
barco, en diversos planos).

                    AMANCIO FERREIRO
          El *Mar Cantábrico* era
       un poderoso navío, con
       más de cien metros de
       eslora y seis mil
       toneladas de registro
       bruto. Sus dos motores
       diésel movían dos
       hélices con una potencia

superior a tres mil
caballos, alcanzando la
velocidad máxima de
quince nudos. En julio
de 1936, el *Mar
Cantábrico* estaba
descargando madera y
raíles en el puerto de
Valencia. Cuando se
produce la sublevación
militar, el barco es
incautado por el Frente
Popular de la ciudad.

Después abre una carpeta que tiene por nombre:
tripu.mcant. Abre una imagen. Se ve la foto de una
tarjeta de identidad, emitida por los *Estados Unidos
Mexicanos*. Cada uno de esos carnets de tripulante
tiene dos fotos, una de frente y la otra de perfil.
Por debajo y a la derecha de las fotos figuran las
datos del fotografiado: nombre, apellidos, cargo en
el buque, localidad y año de nacimiento... y su
firma. La identificación que vemos es la del capitán
del "Mar Cantábrico", Serafín Santa María Ruiz.
Vuelve al documento de texto y escribe. Escuchamos
en *off* lo que escribe, sobre la imagen del capitán
en el barco.

                    AMANCIO FERREIRO
          Serafín Santa María
          Ruíz, natural de
          Villanueva de Teba,
          Burgos, vivía en una de
          las estrechas travesías
          del Casco Viejo
          bilbaíno. Desde los 17
          años había navegado en
          buques de la Compañía
          Marítima del Nervión. En
          1936, con 30 años, era
          el primer oficial del
          Mar Cantábrico...

9.EXT. PUERTO DE VALENCIA.

SOBREIMPRESIÓN: **Valencia, julio, 1936.**
El mercante *Mar Cantábrico* está atracado, arrimado
al malecón. Es de mañana, muy temprano, con el sol
apenas asomando por levante. Una columna de hombres
de edades diversas, unos con uniforme militar, otros
de paisano, son conducidos, escoltados por soldados
y milicianos republicanos, hacia el buque. Suben a
bordo por una pasarela, al hombro un hatillo con
pertenencias personales o una pequeña maleta. Suben
con tranquilidad aparente, acorde con la apacible
mañana. No hay empujones ni gritos. Apoyados con las
manos en la borda les observan fijamente dos
oficiales con camisa y pantalón blancos, son el
primer oficial Serafín Santa María Ruiz, y el
segundo, Salvador Coll.

                    SERAFÍN
          Segundo oficial, hoy
          cargamos hombres en vez
          de naranjas. ¿Los
          conoces?

                    COLL
          Sí, mi primero. Son del
          regimiento de caballería
          Lusitania que intentaron
          rebelarse. Sus oficiales
          son los más monárquicos
          de Valencia, unos *pata
          negra*, míralos ahora.

                    SERAFÍN
          Coll, ahora no parecen
          muy peligrosos.

                    COLL
          Porque han perdido. Si
          hubiesen vencido sería
          otra cosa... Serafín, tu
          carnet te puede dar
          problemas. Si esto da la
          vuelta destrúyelo a
          tiempo.

                    SERAFÍN
            Sólo es un carnet de la
            Agrupación Socialista de
            Bilbao.

                    COLL
            Llega para que que te
            fusilen.

                    SERAFÍN
            ¿Que pretendían? ¿Volver
            a la monarquía
            alfonsina, a una
            dictadura como la de
            Primo de Rivera?

                    COLL
            Hombre, y con el hijo
            como jefe, José Antonio
            Hitler de Rivera.
                    (Coll imita el saludo fascista y se
                    ríen los dos)

        LA CÁMARA CIERRA LA ESCENA EN EL ROSTRO DE SERAFÍN.

10. EXT. UNA CALLE DE VALENCIA. DÍA.
    SOBREIMPRESIÓN: **Valencia, 2 de agosto, 1936.**
    A pleno sol, una mañana de verano, se muestra la
    fachada de un edificio público, el Ayuntamiento o la
    Diputación Provincial.

11. INT. SALA DE EDIFICIO OFICIAL.
    En una sala protegida del sol, una decena de hombres
    se reúnen en torno a una mesa de madera rectangular.
    Visten americanas modestas, sin corbata la mayoría,
    algunos con camisas arremangadas. La sala muestra un
    cartel con la denominación "Comité del Frente
    Popular de Valencia" y carteles a todo color
    llamando a la movilización obrera contra el
    fascismo.

                              PRESIDENTE DEL COMITÉ
                           (en la cabecera de la mesa)
                       Ya hemos embarcado a los
                       detenidos facciosos en
                       el "Mar Cantábrico",
                       pero el capitán es de
                       misa diaria. El primer
                       oficial, Serafín Santa
                       María, tiene carnet de
                       nuestro partido y debe
                       tomar el mando del
                       buque, cuanto antes.
                       Necesitamos a una
                       persona de confianza
                       para que la motonave
                       sea prisión unos días y
                       después la necesitaremos
                       para transportar tropas
                       y armas a Mallorca. ¿Se
                       aprueba la propuesta?

12. EXT. PUERTO DE VALENCIA. EN EL "MAR CANTÁBRICO". DÍA.
    En primer plano, el rostro del capitán Serafín, con
    la gorra de oficial de la mercante puesta. Sonríe.
    La CÁMARA se abre y vemos que está rodeado de los
    oficiales: Coll, el segundo, está agachado delante.
    Está toda la tripulación dispuesta sobre la cubierta
    del barco, delante del puente, para hacerse una
    fotografía. La cámara se sitúa en el punto de vista
    del fotógrafo y para la imagen: la mayoría posan con
    el puño izquierdo en alto, pero Serafín y Coll, no.
    La cámara se detiene en tres tripulantes con el puño
    alzado: el oficial Peris, el electricista Santiago
    Bilbao y el mozo Juan Boo.

13. EXT. PUERTA DEL ARSENAL DE FERROL. NOCHE.
    SOBREIMPRESIÓN: **Ferrol, 5 de octubre, 1936.**
    Cuatro hombres con las manos esposadas. Dos guardias
    civiles les vigilan con fusiles. Cerca, un oficial
    de Marina y un marinero de guardia en la puerta.
    Llega un viejo coche de siete plazas, negro. Hacen
    subir a los tres primeros de la fila de detenidos,
    vestidos con camisa o americanas grises. Suben los
    dos guardias con ellos y el coche sale. Al hombre

restante le quitan las esposas. El oficial de Marina
le indica la puerta del Arsenal. Se dirige hacia
ella temeroso. Llega a la entrada, la barrera se
levanta. El hombre sale vacilante, contiene la
respiración y apresura el paso sin atreverse a mirar
atrás. Uno de los guardias le apunta con su fusil.
Apenas ha traspasado veinte metros la barrera
levantada, cuando suena un disparo y el hombre cae
abatido.

14. INT. ESTUDIO DEL DOMICILIO DE AMANCIO FERREIRO. NOCHE.
    Escribe en el ordenador, mientras la televisión está
    encendida, pero silenciada. En el aparato, de tamaño
    medio, se puede ver un documental de la guerra civil
    española.

                         AMANCIO FERREIRO (EN OFF)
                    (Mientras narra lo que escribe,
                    vemos a OTERO llegar en taxi al
                    puerto de Liverpool, bajarse y
                    dirigirse al buque *Mar Cantábrico*,
                    atracado en uno de sus muelles).

              Uno de los principales
              personajes del *Mar
              Cantábrico* no formaba
              parte realmente de la
              tripulación. En el rol
              del mercante fue
              inscripto como
              engrasador, pero JOSÉ
              OTERO, secretario
              general de *La Naval*, la
              todopoderosa
              organización de la UGT
              en la marina mercante,
              era en realidad el
              representante del
              Gobierno republicano en
              el navío, una suerte de
              comisario político.
              Natural de Vilagarcía de
              Arousa (Pontevedra),
              tenía 42 años. Un hombre

más bien bajo, de rostro
alargado y cabellos
castaños. En las
fotografías halladas en
el barco aparece con
traje oscuro, camisa
blanca y corbata. Estaba
casado y residía en la
calle de la Libertad del
Grao, el puerto de
Valencia.
Le había elegido para la
misión un exportador
valenciano de naranjas,
afincado en Londres,
llamado Miguel Micó, con
el que tenía amistad,
que actuaba un agente
del Gobierno de Madrid
por sus conocimientos
del transporte marítimo.

15. EXT. CUBIERTA DEL BARCO *MAR CANTÁBRICO*. DÍA.
    SOBREIMPRESIÓN: **Liverpool, 2 de noviembre, 1936.**
    El barco en el muelle. Otero habla a toda la
    tripulación reunida en cubierta.

                    OTERO
          Camaradas, estoy entre
          vosotros como lo que
          soy, un trabajador más.
          Con la responsabilidad
          que me ha dado el
          Gobierno, quiero
          pediros, a todos y a
          cada uno, vuestra
          colaboración para traer
          de América armas para
          resistir y vencer al
          fascismo que amenaza
          nuestra libertad...

16. INT. CAMAROTE DEL CAPITÁN DEL *MAR CANTÁBRICO*. DÍA.

Frente a frente, de pie, José Otero y Serafín Santa
María se miran detenidamente.

                          OTERO
              Camarada Serafín, te
              entrego el documento
              firmado por el
                embajador en el que
              consta que soy el
              Delegado del Gobierno en
              este barco. El Gobierno
              de la República te pide
              tu máxima colaboración.

                          SERAFÍN.
              Siéntate.

                          OTERO
              Gracias, camarada. He
              dormido poco esta
              semana. Ayer aún estaba
              en Barcelona, y unos
              días antes en Madrid.

                          SERAFÍN
              ¿Cuál es la misión?

                          OTERO
              Conseguir alimentos,
              ropa, calzado y...
              armas, no te puedo dar
              más detalles, porque los
              desconozco. Estoy aquí
              para servir a la
              República, pero tú te
              puedes negar. No estás
              militarizado, puedes
              coger la maleta.... El
              barco está confiscado,
              los hombres: no. Pero,
              si decides irte, tú
              dirás a quién pongo en
              tu sitio.

                    SERAFÍN
        No voy a dejar a mis
        compañeros al pairo.

17. EXT. FUERA DEL COMPARTIMIENTO. DÍA.
        Vemos la imagen del barco y vista del puerto y de la
        ciudad de Liverpool. La CÁMARA vuelve al barco, para
        ofrecernos la cubierta, el casco y un ojo de buey
        por el que entramos en el camarote del capitán.

18. INT. CAMAROTE DEL CAPITÁN. DÍA.
        Serafín y Otero continúan su diálogo.

                    SERAFÍN
            Llevo toda mi vida en el
            mar. Me nombraron para
            sustituir al capitán y
            como oficial mercante
            voy a cumplir con mi
            trabajo.

                    OTERO
        No esperaba oír otra
        cosa. Miguel Micó, el
        naviero, me llamó un día
        para decirme que el
        Gobierno le había
        encargado llevar dos
        buques a América y él
        había escogió el *Sil* y
        el *Villamadrid*. Como
        Presidente de La Naval,
        esperaba de mí que le
        consiguiese fácilmente
        capitanes, telegrafistas
        y responsables políticos
        para los dos. Acepté.
        Así que nos fuimos a
        Madrid Micó, Herrero, de
        UGT, y yo para hablar
        con los camaradas
        ministros Prieto y
        Negrín. Acordamos que

Herrero saliera para
Cartagena para hacerse
cargo del *Sil*, y yo a
Barcelona para hacerme
con el *Villamadrid*. Cada
uno de nosotros llevaría
un capitán y un
telegrafista de
confianza.

                SERAFÍN
¿Y cómo se decidió
utilizar este barco?

                OTERO
Se montó una buena en
Barcelona. Para salir
para América se
necesitaba el acuerdo
del cónsul, y la CNT
puso problemas para
fletar el *Villamadrid*.
Me puse en contacto con
Micó y luego con Negrín,
que nos dió su plena
confianza para que
buscásemos otro buque.
Fue Miguel, que ya
sabrás que tiene aquí
una consigna, quién
propuso usar el *Mar
Cantábrico*. Las
referencias políticas
que tenemos de ti
ayudaron.

                SERAFÍN
La flota rebelde estará
al acecho a nuestro
regreso. ¿Dónde
atracaremos?

                OTERO

Se nos dirá en su
momento. Tiene que haber
discreción. Hay agentes
de Franco por todos
lados. He pedido al
Gobierno escolta naval.

                    SERAFÍN
La Armada republicana
sólo es fuerte en el
Mediterráneo. Cartagena
sería el destino más
seguro, aunque andan por
allí los submarinos
italianos. Si vamos al
norte será una aventura.

                    OTERO
Nadie dice que sea
fácil, Serafín, pero
muchos mercantes llegan
a su destino a diario.
Sin armas, la República
no puede resistir.

19. EXT. EL BARCO NAVEGA POR EL ATLÁNTICO. DÍA.
    Rumbo a EE.UU., en un mapa vemos el trayecto
    animado. Sale de Liverpool el 4 de noviembre de
    1936. Se enfrenta al oleaje oceánico. Imagen de la
    hélice girando con dificultad. Mala mar. Temporal. A
    los dos días de salir (imagen de hojas de calendario
    de la época, 4, 5, 6, de noviembre, con fondo del
    mar) para ver luego a Otero llegar al puente y
    hablarle en voz baja pero firme al capitán Santa
    María.

                    OTERO
              (pone su mano en el hombro de
              Serafín)
A sus órdenes, Delegado.

Vamos a Nueva York.

                    SERAFÍN
A sus órdenes, Delegado.

                              OTERO
          Te transmito las
          instrucciones que llegan
          del Gobierno por medio
          del cónsul en Liverpool.
          A las 48 horas de estar
          el buque en alta mar te
          comunico el rumbo, y un
          día antes de la llegada
          transmitirás al cónsul
          de México en Nueva York
          un mensaje muy simple:
          "Llegaremos tal hora,
          firmado el capitán".

20. INT. CAMAROTE DE OTERO. NOCHE.
    Está escribiendo a lápiz sobre unas hojas rayadas en
    azul de un cuaderno escolar.

                              OTERO (EN OFF)
          Camarada Micó: el mar
          nos desprendió unas
          planchas en la proa y
          rompió los guayacanes de
          las hélices. En
          Liverpool, al hacerme
          cargo del MAR
          CANTÁBRICO, observé que
          los motores trabajaban
          mal. Miguel, considero
          responsables a los
          armadores de la Compañía
          Marítima del Nervión,
          habrá que exigirles el
          pago de lo gastado en
          las reparaciones de
          Valencia y las que haya
          que hacer en Nueva York.

21. INT. ESTUDIO DE AMANCIO FERREIRO. ATARDECER.
    Está escribiendo en su ordenador. Oímos su voz y
    vemos los rostros de los tripulantes del navío que
    va describiendo.

Los oficiales del *Mar
Cantábrico* pertenecían
todos a la Sociedad de
Capitanes y Pilotos de
la Marina Mercante,
integrada en la
Federación La Naval de
UGT. El primer oficial,
Salvador Coll, de 32
años, era natural y
vecino del Grao
valenciano. El segundo
oficial, de Guernica,
una zona que compartían
como origen varios
tripulantes. El tercer
oficial, Evaristo Peris,
de Castellón, 34 años,
estaba casado con una
ferrolana de la que
esperaba un hijo y
residía en Valencia. En
esta ciudad también
vivía el único
telegrafista a bordo en
ese momento: Juan
Birlanga, de 43 años.

22. EXT. Castillo de san felipe. ferrol. AMANECER.
SOBREIMPRESIÓN. **San Felipe, enero, 1937.**
Las primeras luces de un día frío y neblinoso
alumbran el muro del castillo, zona norte, donde han
tapado la pared de piedra con tablones para recibir
los disparos. Sobre las tablas está escrito: VIVA EL
MOVIMIENTO NACIONAL. VIVA FRANCO. ARRIBA ESPAÑA. Es
la zona de fusilamiento. A la izquierda del muro,
por un sendero, llegan varios hombres con los brazos
atados por detrás, escoltados por un piquete de
soldados de artillería. Detrás los cinco oficiales
del tribunal y dos frailes mercedarios con hábito
blanco, que quedan a la izquierda. Cerca hay unos
ataúdes en el suelo, abiertos. Los hombres son
colocados en el muro, delante del tablado. Les

vendan los ojos, uno se desmaya. Lo reaniman y lo
sientan en una silla a horcajadas, con las piernas
en el respaldo y de espaldas a los fusileros. El
piquete dispara. Los hombres caen y un oficial se
acerca para dispararles el tiro de gracia. Los del
piquete van metiendo los cadáveres en las cajas.

23. INT. CELDA DEL CASTILLO DE SAN FELIPE. DÍA.
Desde una ventana enrejada, situada enfrente, un
preso está dibujando el muro y la escena del
fusilamiento en una hoja de cuaderno. Sólo vemos sus
manos y el dibujo a medio hacer o terminado [*Dibujo
publicado en Galicia. Periódico de la Colectividad
Gallega. Buenos Aires. 30-XII-1954*].

        LA CÁMARA SALE DE LA CELDA Y RECORRE EL CASTILLO
    HASTA LLEGAR AL MAR PRÓXIMO, PARA VER LA ENTRADA DE
                                        LA RÍA FERROLANA.

24. EXT. PUERTO. BROOKLYN. NUEVA YORK. DÍA GRIS.
Vemos una vista general que permite al espectador
reconocer la ciudad fácilmente: los rascacielos de
Manhattan, el puente... En el puerto, un mercante
blanco está atracado plácidamente. Su nombre: MAR
CANTÁBRICO. La bandera de la República española
ondea a popa.
Sube un hombre desde el muelle por una pasarela. La
cámara le sigue, habla con un marinero y éste le
indica una puerta.

25. INT. ESTUDIO DE AMANCIO FERREIRO. FERROL. NOCHE.
Está escribiendo en el ordenador. Oímos lo que
escribe y vemos a los diez personajes de los que
habla, sonrientes unos, los más jóvenes, como Cumba,
y serios los mayores: el telegrafista cubano Pérez y
el santanderino Higareda...

                        AMANCIO FERREIRO (EN OFF)
            El *Mar Cantábrico* llega
            a Nueva York en la
            última semana de
            noviembre de 1936.
            Después de un penoso
            viaje, arribó averiado y

entró en el dique de reparaciones. En este puerto, en el que estaría mes y medio, se sumarían a su tripulación diez hombres.

José Sebastiá Cumba, un castellonense de veinticuatro años, era uno de los recién llegados. Había navegado en el buque escuela *Elcano*, que abandonó al atracar en Nueva York. También sube a bordo Pedro Antonio Pérez, natural de La Habana. Afiliado al Partido Liberal de Cuba. Con ellos se enrolaron tres gallegos que militaban en la FAI, Federación Anarquista Ibérica: César Vega, de Valdeorras; Andrés García, natural de Sada, y José Tomás Fernández, que hacía el número siete de los vecinos de A Pobra do Caramiñal en el carguero. Además subieron al barco Maximino Almenar, un tinerfeño de 22 años, militante comunista. José Higareda, de Santander, anarquista. Jaime del Valle, de Alicante, enrolado como camarero. El navarro Tomás Urdiain, del Partido Comunista,

inscrito como
carpintero. Y el último
fue el napolitano
Giovanni Battista, un
aventurero que había
navegado por Oriente,
desde Egipto hasta
China.

26. INT. CAMAROTE DE OTERO.
    Hablan José Otero y el recién llegado.

                    PEDRO A. PÉREZ
          Mi nombre es Pedro
          Antonio Pérez. Soy
          telegrafista, con
          titulación. Vengo de
          parte del cónsul, me ha
          dicho que necesitan a
          alguien para reforzar la
          radiotelegrafía. He
          estado trabajando de
          camarero, pero llevo
          unos meses en paro.
          Tengo mujer y una hija
          en La Habana y preciso
          el trabajo.

27. EXT. AERÓDROMO. DÍA. AMANECER.
        SOBREIMPRESIÓN: **México D.F., 1 de enero, 1937**.
    Un hombre de mediana edad, vestido con americana y
    chaleco se acerca a un pequeño avión de hélice. Sube
    al aparato y habla con el piloto.

                    GORDÓN
          Soy el embajador español
          Félix Gordón Ordás.
          Haremos escala en
          Brownsville, Texas, para
          pasar la aduana.

    El piloto asiente con la cabeza y enciende el motor,
    la hélice comienza a girar...

28. EXT. CIELO. ANOCHECER.
El avión vuela entre la luz y la oscuridad de la
noche, que se aproxima por el este y grisea el
horizonte. Niebla. Al aterrizar en Texas, la
avioneta se sale de la pista de aterrizaje y se para
dando un golpe en una tierra labrada. El avión queda
en mal estado, inutilizado para continuar el viaje.
Los dos ocupantes se apean estirándose y doliéndose
del golpe, después bajan un par de maletas a un lado
del avión.

29. INT. ESTACIÓN DE TRENES EN UNA CIUDAD NORTEAMERICANA.
El embajador Gordón Ordás camina por el andén
seguido por un mozo con el equipaje y varios hombres
con gabardinas y abrigos.

                    PERIODISTA
          Mr. Gordón, ¿es verdad
          que trae nueve millones
          de dólares para comprar
          armas en Estados Unidos?

                    GORDÓN
          Regístrenme y
          comprobarán que no los
          tengo.

                    PERIODISTA
          ¿Es cierto que ha venido
          a comprar aviones y que
          le han ofrecido veinte
          aparatos alemanes?

                    GORDÓN
          Sí, pero son máquinas de
          escribir... (se ríe) El
          Gobierno de la República
          de España hace sus
          compras legalmente, y no
          miramos la nacionalidad
          de la mercancia. Para
          eso estoy aquí: para
          tramitar las licencias
          de exportación. Mi país

está siendo atacado por
rebeldes con la ayuda de
potencias militares
extranjeras y precisamos
armas para defendernos.
Perdonen, voy a perder
mi tren a Washington.

30. INT. OFICINA DE UN DEPARTAMENTO DEL GOBIERNO.
WASHINGTON.
Sentado tras una mesa un funcionario trajeado habla
con el embajador Gordón Ordás.

FUNCIONARIO
No podemos impedir que
embarque en ferrocarril
el material bélico que
ha comprado. Le
aconsejo, sin embargo,
que no lo haga. Llegaría
hasta la frontera con
México, pero no pasaría.
Siempre hay a mano
recursos legales para
retrasar la salida,
antes de que el Congreso
apruebe la nueva ley de
neutralidad, y entonces
lo confiscaremos todo.

GORDÓN
En mi país no entienden
su actitud. Si aprueban
la ley de neutralidad,
le dan al bando
franquista el rango de
una nación, no se
merecen ese respeto, a
ellos les ayudan los
fascistas italianos y
los nazis, y ahora
ustedes, impidiendo que
un gobierno atacado se
defienda.

                              FUNCIONARIO
            Nuestro Gobierno no
            quiere intervenir en el
            conflicto interno
            español. Es neutral y
            prohibirá la venta de
            armas y la participación
            de voluntarios
            norteamericanos en
            cualquiera de los
            bandos. Sólo se admitirá
            la participación
            norteamericana en la
            Cruz Roja.

                              GORDÓN
            Pero Estados Unidos es
            una democracia, tiene la
            obligación moral de
            ayudarnos.

                              FUNCIONARIO
            Son sus problemas.

                              GORDÓN
            El fascismo es un
            problema internacional.
            Terminará afectándoles…
            Dígale a su Gobierno que
            no se preocupe, nosotros
            seguiremos luchando a
            pesar de que Gran
            Bretaña, Francia y
            Estados Unidos miren
            para otro lado.

31. EXT. NUEVA YORK. BROOKLYN, PUERTO. CUBIERTA DEL
BARCO.
       Las grúas suben al buque sacos y enormes cajas de
       madera, que van depositando sobre la cubierta o en
       las bodegas. Vemos varias cajas de cartón, con la
       etiqueta *Comité Antifascista Español - Nueva York*.
       Las abren Cumba y el electricista Santiago Bilbao.

Éste le pasa una cazadora de cuero negro al Delegado
Otero, que se la pone por encima de su americana
sonriendo. Con ellos están el camarero Llorens, el
tercer oficial Peris, Luis Martínez, Higareda,
Urdiain, el cubano Antonio Pérez y otros recién
llegados. Van sacando cazadoras y se las van
poniendo sobre su ropa de trabajo. Bajan alegres al
muelle en grupos y les vemos luego paseando por las
avenidas de la ciudad de los rascacielos, en aquel
momento los más elevados del mundo, y haciéndose
fotografiar ante la estatua de la Libertad.

32. INT. NUEVA YORK. OFICINA DE CONGRESISTA. DÍA.
Gordón Ordas, acompañado por Otero, se entrevista
con John T. Bernard, congresista del *Farmer-Labor
Party*. Vemos un cartel de ese partido en una pared
con el lema SPANISH DEMOCRACY HELP, y otro alusivo a
la Revolución Francesa. El congresista, con bigote y
pelo negro, viste camisa blanca, chaqueta y
pantalón rayados, y pajarita negra.

                    JOHN T. BERNARD
               (en español con acento
                 norteamericano)
          La Cámara de
          Representantes aprobará
          mañana la revisión de la
          Ley de Neutralidad, la
          norma que prohíbe la
          venta de armas a países
          en guerra. El
          Departamento de Estado,
          con el apoyo del
          presidente Roosevelt,
          quiere extender la
          prohibición a los
          conflictos internos,
          esto significará el
          embargo de armas al
          Gobierno de España, ¿qué
          puede hacer este
          congresista novato por
          ustedes?

                    GORDÓN

Mr. Bernard, tenemos una
comisión para organizar
el envío de suministros
a España. Le pido que se
integre en ella.

                    OTERO

A propósito, Don Félix,
Micó me ha comunicado
que quizás conviene que
me quede aquí para
ayudar a la comisión en
el flete de barcos.

                    GORDÓN

Micó no puede ver lo que
pasa aquí desde
Inglaterra. Yo pienso
que es más importante
que sigas en el *Mar
Cantábrico*. El capitán
es un buen marino, pero
tú eres el jefe
político. Ya hablaremos.
          (Se dirige a Bernard)
Mañana, en el Congreso,
haga lo que pueda para
retrasar la aprobación,
al menos dará tiempo al
barco a cargar los
aviones y salir del
puerto antes de que se
apruebe esa enmienda y
nos pongan problemas
para la exportación.

                JOHN T. BERNARD

Creo que sólo tienen mi
voto en contra. Voy a
prolongar mi
intervención todo lo que
pueda, para retrasar la

                    aprobación de la
                    enmienda.

                              GORDÓN
                    Ojalá muchos políticos
                    en este país y en Europa
                    pensasen como usted.
                    Gracias, señor Bernard.
                    ¿Cómo habla tan bien el
                    español?

                              JOHN T. BERNARD
                    Ah, yo estuve en el
                    Ejército, seis meses en
                    la frontera con México.
                    Soy corso, francés de
                    nacimiento, de Bastia.
                    En la Gran Guerra serví
                    en Francia, allí conocí
                    a mi mujer, que me llevó
                    a la lectura de Victor
                    Hugo, Rousseau,
                    Voltaire... Mi destino
                    está unido a la Vieja
                    Europa. Es mi primera
                    intervención en la
                    Cámara de Representantes
                    y será a favor de una
                    República heredera del
                    lema revolucionario:
                    libertad, igualdad y
                    fraternidad.

33. INT. CONGRESO DE EE.UU. CÁMARA DE REPRESENTANTES.
    Debate y votación de la propuesta del presidente
    Roosevelt de enmienda a la ley de neutralidad,
    aprobada en el Senado por unanimidad. Votación en la
    Cámara de Representantes: 431 sí, 1 no. El único
    voto negativo fue el de John T. Bernard. Podemos ver
    la explicación sobreimpresa en la pantalla o narrada
    por AMANCIO FERREIRO. Cuando el senador Key Pittman
    de Nevada y el representante de Tennessee McReynolds
    rápidamente introdujeron resoluciones que proponían
    el embargo español, John T. Bernard se negó a

concurrir en el procedimiento de consentimiento
unánime para limitar el debate sobre la medida.

                        PRESIDENTE DE LA CÁMARA
            El senador Pittman y el
            representante de
            Tennessee Mac Reynolds
            proponen a esta cámara
            el consentimiento
            unánime de la enmienda a
            la Ley de Neutralidad,
            tal y como y ha sido
            aprobada en el Senado.
                    (un silencio)
            Esta Presidencia no
            escucha ninguna petición
            en contra por lo que se
            aprueba...

                        JOHN T. BERNARD
                    (Interrumpe desde el fondo, de pie)
            Sr. Presidente, yo me
            opongo.

                        PRESIDENTE
                    (molesto)
            Sr., la propuesta ha
            sido aprobada por
            asentimiento.

                        OTRO CONGRESISTA
            Puedo decir que el
            caballero
            de Minnesota se puso de
            pie y trató dos o tres
            veces de llamar la
            atención del Sr.
            Presidente. Estoy seguro
            de que el Sr. Presidente
            no vio a Mr Bernard.

                        JOHN T. BERNARD
            Sr. Presidente, yo me
            opuse cuatro veces.

                    PRESIDENTE
Sr. representante de
Minnesota, ¿estaba usted
de pie cuando hice la
pregunta de si se
aprobaba por unanimidad?
Le pido una respuesta
clara.

                    JOHN T. BERNARD
Si, señor, estaba.

                    PRESIDENTE
En ese caso, se acepta
la oposición al
consentimiento unánime.
Se abre un debate
general de una hora e
intervenciones de los
representantes de cinco
minutos por cada
enmienda, que seguirán
esta tarde. De acuerdo,
Sr...? No recuerdo su
nombre.

                    JOHN T. BERNARD
Bernard, John
Toussaint Bernard
          (una pausa, vemos al niño John T.
          Bernard cantando *La Internacional* al
          frente de una marcha de trabajadores
          un 1º de mayo, cuando sólo tiene 9
          años, antes de volver a ver el
          Congreso y escuchar su discurso)
Las posturas de
neutralidad de los
países alientan la
agresión contra las
naciones pacíficas. Si
los americanos somos
sinceros, tendremos que
admitir que nuestro plan

de neutralidad favorece
a los países fascistas.
          (pausa)
Los Estados Unidos deben
procurar una acción
conjunta por parte de
los gobiernos
democráticos del mundo
para poner fin a las
actividades de Hitler,
Mussolini, y sus
aliados.
Las democracias debemos
negarnos a vender
material de guerra a
naciones agresoras, a
los que atacan, a los
rebeldes, pero no a los
agredidos.
          (pausa)
La supervivencia de una
América libre depende de
que nuestra política
exterior proteja la
existencia de gobiernos
democráticos en el
mundo. No podemos vivir
de espaldas a lo que
sucede en el mundo. La
democracia, la libertad,
están amenazadas en
Europa y pronto lo
estarán aquí también.

VISTA DE LA ESTATUA DE LA LIBERTAD DE NOCHE Y DEL
"MAR CANTÁBRICO" EN EL PUERTO NEOYORQUINO CON LUCES
DE POSICIÓN, EN EL MUELLE 35.

34. INT. ESTUDIO DE AMANCIO FERREIRO. FERROL. NOCHE.
Vemos la calle oscurecida desde la ventana: luces
públicas y de los edificios de pisos. AMANCIO
FERREIRO escribe en su ordenador.

Soltando amarras desde
el muelle 35 de
Brooklyn, el *Mar
Cantábrico* salía a las
13.47 horas del 6 de
enero de 1937. La
jornada había amanecido
muy fría. Se esperaba
nieve. En el puerto,
desde un día antes,
trabajaban a destajo los
estibadores,
comprometidos con la
causa española ni de
noche cesaron de cargar
el buque.
Los ocho aviones eran
los que más llamaban la
atención de la prensa,
como *The New York Times*,
pero la carga para el
bando republicano se
completaba con material
de carácter humanitario:
setenta mil botes de
leche condensada, ciento
ochenta mil kilos de
harina, cuarenta y seis
mil latas de caldo de
gallina, quinientos
sacos de café, mil
bultos de ropa y de
zapatos nuevos y usados,
medicinas, azúcar, latas
de fabada, pimientos,
macarrones, además de
tabaco, una treintena de
cocinas de campaña y una
mesa de operaciones.
En la recogida había
intervenido el Comité
Antifascista Español,
con sede en el nº 59 de

Henry Street, con un
centenar de sociedades
afiliadas: la *United
Artists* de actores, la
Agrupación Socialista
Española, Alianza Obrera
Española, Alianza Obrera
Hispanoamericana, el
Ateneo Hispano, el
Centro Andaluz, el
Círculo Cubano José
Martí, el Partido
Comunista...
Los aviones que
transportaba el *Mar
Cantábrico* eran
comerciales, usados. La
idea era transformarlos
para un uso militar.

35. EXT. PUERTO DE NUEVA YORK. MUELLE 35. DÍA.
Hoja de calendario: **Nueva York, 6 de enero, 1937.**
Dos hombres con abrigos oscuros se aproximan a pie
por el muelle y suben la escalinata del *Mar
Cantábrico*. Antes de pasar a cubierta, les detiene
el marinero Luis Martínez, de guardia.

                         LUIS MARTÍNEZ
Alto, no se puede
pasar...

                         INSPECTOR 1
*We are inspectors from
the Department of State.
We want to meet the
captain.*

                         LUIS MARTÍNEZ
              (les detiene con un gesto)
              (gritando)
Otero, capitán, venid,
no sé que quieren estos
dos señores.
              (acuden los dos)

                    SERAFÍN
Yo soy el capitán.

                    INSPECTOR 1
              (le muestra un papel)
*We are inspectors from
the Department of State.
We review the cargo you
carry. But can not leave
port.*

                    SERAFÍN
Parece que quieren
revisar la carga, no nos
dejan salir.

                    OTERO
Que hagan lo que tengan
que hacer rápido.

                    INSPECTOR 2
*The export license,
please.*

Los inspectores examinan la licencia de exportación
y se dirigen a las cajas sobre cubierta con los
aviones en su interior. Revisan las bodegas
acompañados del capitán y Oetro...

                    AMANCIO FERREIRO (OFF)
              Los funcionarios
              demandaron que la
              inscripción *US Army*
              (Ejército de Estados
              Unidos) que figuraba en
              unas cajas fuese
              repintada. Ésta era su
              principal preocupación.
              Solucionado el
              contratiempo de última
              hora, nada parecía ya
              detener al barco.

La salida del mercante
estaba vigilada de
manera espectacular. Por
mar le escoltaban
patrulleras guardacostas
y por aire varios
hidroaviones. La prensa
neoyorquina publicó al
día siguiente una amplia
información con
fotografías.

Se acompaña la narración con imágenes, podemos ver
grandes cajas de madera apiladas sobre la cubierta
del mercante, como tachan la inscripción *US ARMY* en
algunas, y páginas del *The New York Times* del 7 de
enero de 1937 con fotografías de la salida del
buque.

36. EXT. PUERTO DE VERACRUZ. ANOCHECER.
SOBREIMPRESIÓN: **Veracruz, febrero 1937.**
En el malecón, en uno de tantos días en los que se
celebra el Carnaval en la ciudad. El ambiente es
alegre y festivo, con gente disfrazada por las
calles. Dos mujeres jóvenes, morenas, caminan por un
paseo próximo al muelle. Socorro es una de ellas,
viste una falda larga verde, blusa blanca, y en la
cabeza una boina negra que acomoda de lado. Su amiga
Lupita lleva un alegre vestido rojo, y una máscara
que por momentos coloca sobre la cara. Se encuentran
con un grupo de marineros con camisas y pantalones
claros. Son del *Mar Cantábrico*. Ellos las miran sin
disimulo y con evidente complacencia.

                    LUPITA
          ¡Mira, Coco, mira, son
          los españoles! Si están
          como me los recetó el
          doctor.

              (Dos de los marineros: José Cumba y
              Eugenio Llorens, se acercan)

              LOS MARINEROS

Buenas tardes,
señoritas.

                    LUPITA
          (Coqueta, juguetea con la máscara)
¿Qué tal? Buenas tardes.
¿Con quién tenemos el
gusto...?

                    CABO CUMBA
Con dos marinos. Mi
amigo se llama Eugenio,
Eugenio Llorens, de
Valencia. Yo soy José
Sebastiá Cumba, para
servirlas.

                    LUPITA
Yo soy Guadalupe. Mi
amiga se llama Socorro.
¿Y cuál es su barco?

                    CABO CUMBA
Es aquel, el que tiene
el cartel.
          (Vista general del barco y de la
          pancarta)

                    LUPITA
¡Qué bonito!
          (leyendo la pancarta)
*GLORIA A MÉXICO, LA
ESPAÑA ANTIFASCISTA OS
SALUDA.*
Pues nosotras también
les saludamos.

                    EUGENIO LLORENS
Luchamos contra los
generales que nos
quieren imponer la
dictadura militar.

                    SOCORRO

Pues si ustedes son
muchos podrán mandar a
esos generales a la
chingada.

                    EUGENIO LLORENS
Los rebeldes tienen
armas y ayuda
extranjera. Nosotros
tenemos corazón.

                    LUPITA
Ay, pero no se pongan
tan serios, que estamos
en Carnaval. A ver,
¿quién de los dos es el
capitán?

                    CABO CUMBA
Soy yo.

                    EUGENIO
¡Hombre, tú! (aguanta la
risa)

                    CABO CUMBA
Claro, soy el capitán de
mi propio destino.
          (Los cuatro ríen)

                    EUGENIO
Os vais a decepcionar.

                    SOCORRO
¿Por qué lo dice? ¿Son
dos polizones?

                    EUGENIO
No, mujer. José es un
marinero de la Armada y
yo un camarero de la
mercante.

                    CABO CUMBA

Aquí tenéis la base de
la flota republicana, un
cabo y un marinero.
Todos me conocen por el
Cabo Cumba.

                    EUGENIO
Si les parece bien les
invitamos a unas copas.
          (Se cogen del brazo Lupita y Cumba,
          van por delante, y detrás les siguen
          Eugenio y Socorro, juntos, pero sin
          tocarse)

                    LUPITA
¡Y por qué no nos llevan
a España con ustedes!

                    CABO CUMBA
¡No sé lo que dirá
Otero, por nosotros,
ahora mismo, verdad
Eugenio!

                    SOCORRO
¿Quién es Otero, el
capitán?

                    EUGENIO
No podemos comentar
cosas del barco. Por
seguridad.

                    SOCORRO
Estén tranquilos,
nosotras no simpatizamos
con los fascistas. Mi
madre, Guadalupe, era
una indígena y mi padre
un español, Arcadio
Barbarena, que luchó
junto a Pancho Villa.
Por mis venas corre
sangre revolucionaria.

37. INT. DESPACHO DEL EMBAJADOR FÉLIX GORDÓN ORDÁS EN
VERACRUZ.
Conversan el Delegado Otero, el capitán Santa María
y el embajador. Sentados, toman café y unas copas.
El embajador, con chaleco, fuma un puro.

GORDÓN
Nada más saber de la
sublevación me puse
manos a la obra. El
Gobierno de la República
se había quedado sin
ejército ni armas para
pararla. Le escribí al
presidente Cárdenas y
enseguida dispuso que
nos vendiesen veinte mil
fusiles máuser.

OTERO
¿Pero camarada, tenías
dinero para eso?

GORDÓN
Y aún nos queda.
(silencio)

SERAFÍN
Los fusiles los llevó el
Magallanes.

GORDÓN
Sí, desde el primer día
que se cargó aquí, en
Veracruz, fue ejemplo de
cómo se hacen las cosas.
Desde las ocho de la
noche hasta la tarde
del día siguiente, sin
descanso, los

estibadores, llenaron
las bodegas con los
veinte mil fusiles y
veinte millones de
cartuchos. La
tripulación estaba, como
yo, emocionada. Me
pidieron que, al
terminar el alijo,
pudieran ofrecerles una
comida a bordo.
			(corto silencio)
Todo irá bien si seguís
mis instrucciones. El
Magallanes zarpó el 23
de agosto, llevando al
secretario de la
embajada, Argüelles, con
dos telegrafistas
cedidos por el Gobierno
mexicano. Se calculó que
tardaría diecisiete días
en llegar a un puerto
del Cantábrico o veinte
si atracaba en
Barcelona. En la ruta se
alejó de las Islas
Canarias para evitar los
aviones. Pasó Gibraltar
con la escolta de un
crucero y de un
destructor, pero después
tuvo la visita de
aeroplanos alemanes e
italianos.

			OTERO
Alemanes, ¿de la Legión
Cóndor?

			GORDÓN
Sí, dos *Stukas*. Su
ataque fue a las ocho
de la mañana. Treinta

bombas. En el mercante
tuvieron la sangre fría
de contarlas marcando
una raya en una pizarra
por cada explosión. Por
la tarde les atacaron
los italianos, dieciséis
bombazos, pero con menos
puntería.

                SERAFÍN
Pero la escolta, ¿sirvió
para algo?

                GORDÓN
Sí, claro. Los disparos
del crucero de escolta
obligaron a los aviones
a subir a tres mil
metros, por eso no
acertaron. Aquella misma
noche el barco entró en
Cartagena, ya sabéis que
era el primero en llegar
con armas del
extranjero. La primera
remesa de la Unión
Soviética llegaría un
mes después. Estos dos
suministros sirvieron
para armar a las
Brigadas Internacionales
y defender Madrid...
Otro transporte perfecto
fue el del *Sil*. (se
dirige a Otero)
De Delegado del Gobierno
iba...

                OTERO
Sí..., Herrero. Estuve
con él en Madrid cuando
se organizó todo.

GORDÓN
El *Sil* salió de Veracruz
poco antes de Navidad,
con ocho millones de
balas, tres aviones -
uno era un regalo de un
general mexicano que lo
tenía para uso privado-,
además de dos mil
fusiles Máuser y cien
ametralladores. También
llevaban unas toneladas
de azúcar y uniformes
escolares. Entraron en
Santander, el 12 de
enero.

SERAFÍN
¿Y a qué puerto iremos
nosotros?

OTERO
Micó me ha comentado que
es mejor cruzar
Gibraltar, con bandera
inglesa para no ser
molestados por los
rebeldes, y descargar en
Cartagena o Valencia.

GORDÓN
Es el ministerio de
Marina quién decide y
aún no han dicho nada
sobre vuestro destino.
Lo comunicarán poco
antes de la partida,
pero no lo sabréis hasta
estar en alta mar, por
seguridad. En Veracruz
hay mucho agente
franquista. El
cargamento lo

dividiremos en tres
partes iguales en peso,
consignadas para tres
destinos: Barcelona,
Valencia y Bilbao.

                    SERAFÍN
¿No debería haber más
secreto en todo lo que
se refiere al barco?
Desde Nueva York hemos
estado en los periódicos
todos los días.

                    GORDÓN
Estamos haciendo un
transporte legal, no un
contrabando. Es
propaganda para nuestra
causa, lleváis la ayuda
del Estado mexicano, y
de mucha gente de este
continente, incluso de
actores de Hollywood...
y el mundo tiene que
saberlo. Tu
responsabilidad,
capitán, es técnica:
llevar el buque a
puerto. La tuya, Otero,
es colaborar con el
capitán, coordinar y
mantener un ambiente
adecuado en el barco.

                    OTERO
¿Y la clave para los
radiotelegramas?

                    GORDÓN
Os haré una. El *Sil*
llevaba una clave, la
tengo aquí.

                    (Se levanta y se dirige a su mesa,
                    abre un cajón y vemos la tabla de la
                    clave X, equis)
          La clave X... En la
          Guardia Civil ponen dos
          pares de cifras por
          letra. Yo aumento la
          dificultad, tres pares
          de cifras a elegir para
          cada letra.
          Es importante que
          utilicéis la radio lo
          esencial, mensajes
          cortos y cuántos menos
          mejor, para que no os
          localicen. Entrando de
          noche, sin luces y
          callada la radio todo
          irá bien.
                    (un silencio, Serafín y Otero miran
                    a Gordón Ordás y asienten con un
                    gesto)

                         GORDÓN
          Ahora tengo que dejaros,
          viajo a Morelia, estado
          de Michoacán. Tenemos
          allí a cuatrocientos
          niños españoles,
          huérfanos, recogidos en
          una escuela, también por
          mediación de Cárdenas.
          La escuela da la maldita
          casualidad de que está
          entre dos iglesias, y
          los críos en los recreos
          se dedican a tirarles
          piedras, como hacían en
          España.

38. INT. CAMAROTE DE OTERO. NOCHE.
     Está escribiendo en su cuaderno escolar de rayas
     azules y sobre una mesita.

OTERO (OFF)

Fuimos a Tampico para
hacer combustible y al
regreso cuando creíamos
tener quince aeroplanos
que estaban en el Campo
de Aviación de Veracruz,
comprados por Don Félix
Gordón en EE.UU., nos da
orden la Embajada de que
tenemos que salir
inmediatamente para
España, no pudiendo
meter ni los aeroplanos
ni unos cañones de
artillería pesada. Sólo
aprovechamos un tren que
vino el jueves 18 con
material de guerra,
operando todo el día y
toda la noche, saliendo
por fin a la mar el
viernes 19 de febrero de
1937, a las 6 de la
mañana.

39. INT. MERCANTE *MAR CANTÁBRICO*. CAMAROTE DEL CAPITÁN.
El capitán Serafín Santa María abre una carta
lacrada en presencia del Delegado Otero. En el
sobre, en su exterior, vemos escrito: **Para abrir en
alta mar**.

GORDÓN (EN OFF)

1° El vapor *Mar
Cantábrico* navegará de
Veracruz a Santander,
sin hacer escala,
arribando a este puerto
antes de las cero horas
del 7 de marzo.
2° El vapor *Mar
Cantábrico* llamará si lo
precisa a las estaciones

costeras de Santander o
Bilbao con las letras
SOA y a la Escuadra con
las letras OXC, a
longitud de onda de
setecientos cinco
metros.
3° Santander y Bilbao
llamarán al *Mar
Cantábrico* con las
letras SYN y la Escuadra
con las letras OXC a la
indicada longitud de
onda.
4° Para comunicarse el
vapor *Mar Cantábrico* con
México y con el vapor
Mar Cantábrico emplearán
en las llamadas uno y
otro las letras LBA,
debiendo tenerse en
cuenta que México
trabaja con onda de
cuarenta metros.
5° El vapor *Mar
Cantábrico* empleará en
sus comunicaciones la
clave X que se le envía
a usted por separado al
mismo tiempo que este
despacho.

                OTERO
Es la misma que utilizó
el *Sil*, si a ellos les
valió.

               SERAFÍN
A Santander... La mayor
parte de la Escuadra
republicana está en el
Mediterráneo. ¿Qué
escolta vamos a tener en
el norte?

                    OTERO
          Cuando estemos cerca,
          pediremos ayuda a Gordón
          Ordás. El destructor
          José Luís Díez hace base
          en Burdeos y navega por
          el Golfo de Vizcaya.

                    SERAFÍN
          Sería una buena escolta.
          En Bilbao tienen
          artillados unos bous de
          pesca, también pueden
          echar una mano.

                    OTERO
          Tienen que ponerse de
          acuerdo el Ministerio de
          Marina y el Gobierno
          Vasco.

                    SERAFÍN
          Dependemos de Ordás para
          que los ponga de
          acuerdo, si no estaremos
          solos.

40. INT. PUENTE DEL *MAR CANTÁBRICO*. EN LA MAR. DÍA.
    Entra en el puente el primer oficial Salvador Coll y
    se dirige al capitán Serafín Santa María.

                    COLL
          Capitán, ya tengo la
          lista del material
          almacenado en las
          bodegas.
          Son verdaderas
          santabárbaras.

                    SERAFÍN
          ¿Están bien repartidos
          los pesos?

                    COLL
         Sí, no te preocupes.
                (leyendo)
         A proa, en la bodega 1,:
         provisiones, medicinas,
         ropas, municiones y
         cañones.
         A estribor, en la 2:
         ropa, dos aviones,
         munición, cañones,
         ametralladoras, fusiles
         y un motor. En el
         entrepuente: un bimotor,
         cartuchos, proyectiles y
         bombas.

Mientras habla vemos la carga en las bodegas.

                    COLL
         Bodega 4: cocinas de
         campaña, dos aviones,
         munición, proyectiles y
         ametralladoras. En el
         entrepuente, dos
         aviones.
         A babor, en la 3:
         fusiles, munición,
         proyectiles,
         ametralladoras y 19
         cañones.
         Y en la 5, a popa: sacos
         de harina y el avión
         anfibio.

                    SERAFÍN
         No nos vendrían mal unos
         pilotos para los
         aviones.
                (sonríe ligeramente)

41. EXT. CUBIERTA DEL *MAR CANTÁBRICO*. EN LA MAR. DÍA.
    SOBREIMPRESIÓN: **Mar Caribe, 65 millas al sur de
    Miami.** El capitán Serafín se dispone a casar a la
    mexicana Socorro y al camarero Llorens. Redacta el

acta el telegrafista cubano Pedro Antonio Pérez.
Actúan como testigos, a ambos lados de la pareja:
Otero, por parte del novio, y el maquinista Santi
Bilbao, por parte de la novia, que firman el acta
con los esposos, el capitán y el secretario.

                    PEDRO A. PÉREZ
              (Leyendo el acta que escribe,
              mientras vemos los rostros de los
              contrayentes)
         En la mar, siendo las 13
         horas del día 22 de
         febrero de 1937...

                    SERAFÍN (OFF)
         Comparecen ante mí
         Eugenio Llorens
         Caballer, natural de
         Godella, provincia de
         Valencia, de treinta y
         ocho años de edad, de
         estado soltero, hijo de
         Eugenio e Isabel; y
         Socorro Barbarena
         Palomino, natural de
         México D.F., de
         diecinueve años de edad,
         estado soltera, hija de
         Arcadio y Guadalupe, los
         cuales manifiestan que
         desean contraer
         matrimonio.

                    PEDRO A. PÉREZ
              (Leyendo el acta que escribe,
              mientras vemos los rostros de los
              contrayentes)
         Preguntado Eugenio
         Llorens si acepta por
         esposa a Socorro
         Barbarena, contesta que
         Sí. Preguntada Socorro
         Barbarena si acepta por
         esposo a Eugenio

Llorens, contesta que
SÍ. Preguntados si están
dispuestos a cumplir y
sobrellevar las
obligaciones que lleva
consigo el matrimonio,
entre esposos y familia,
contestan que SÍ.

                    SERAFÍN
En vista de lo
manifestado y en virtud
del derecho que la Ley
me confiere, quedan
unidos en lazo
matrimonial, debiendo
tenérseles por esposos
para todos los efectos
de la Ley, a Eugenio
Llorens y Socorro
Barbarena.

          (Presencia la ceremonia una nutrida
          representación de la tripulación,
          que lanza arroz a los recién
          casados. Una improvisada rondalla
          interpreta una canción mexicana. Se
          descorchan las seis botellas de
          brandy español que existen a bordo,
          se reparten puros, café, cerveza y
          galletas)

                    OTERO
          (toma la palabra al finalizar el
          casamiento)
Quiero dar un homenaje a
México en la persona de
la novia. Socorro, como
México, compartes
nuestra vida y nuestra
lucha contra el
fascismo. Propongo que
una vez terminada la
guerra tu gran país

tenga un monumento en
España, erigido por
cuestación popular por
su solidaridad...

(Aplausos. Puños en alto y gritos de
Vivan los novios, Salud y Viva la
República)

LA RONDALLA CANTA *LA INTERNACIONAL*, CON TODOS LOS
PRESENTES PUÑO EN ALTO.
(vemos los rostros de Serafín,
Otero, Santi Bilbao, Cumba, Urdiain
y Llorens cantando, mientras Socorro
está callada pero sonriente)

¡Arriba, parias de la
Tierra!
¡En pie, famélica
legión!
Atruena la razón en
marcha:
es el fin de la
opresión.
Del pasado hay que hacer
añicos.
¡Legión esclava en pie a
vencer!
El mundo va a cambiar de
base.
Los nada de hoy todo han
de ser. Agrupémonos
todos,
en la lucha final.
El género humano
es la internacional...

LUEGO EL CABO CUMBA TREPA AL ESPARDEL DE UN BOTE
SALVAVIDAS Y DELEITA A LA TRIPULACIÓN CON SUS
OCURRENCIAS

CABO CUMBA
¿Os acordáis de Eugenio?
Aquel extremo del Real

Madrid, con la cabeza
cuadrada. Cuando se caía
en el campo, se quedaba
allí comiendo hierba.
Ahora es capitán de
requetés. No se podía
esperar otra cosa de
semejante burro. Si lo
vareaban daba bellotas.
          (risas)
Los que están de guardia
se han pasado antes para
tomar unas copas y
brindar por los novios.
Que beban tanto como los
futbolistas que, cuando
en Madrid estaban
viviendo unos días de
verdadera romería, le
mandaron a sus
compañeros, que estaban
pegando tiros en la Casa
de Campo, una fotografía
los dos, en la playa,
tomando el aperitivo, y
al pie estas palabras:
"Nos estamos matando".
¡Qué salaos los tíos!

                SANTI BILBAO
Pero cabo, de dónde
sacas esos chistes tan
bien redactados.

                CABO CUMBA
Santi Bilbao, del *bocho*
no, ahí sólo sabéis de
pinchos y vino.
          (Los tripulantes vascos cantan:
          Bilbao es tan pequeño / que no se ve
          en el mapa/ pero bebiendo vino / nos
          conoce hasta el Papa…)

                BIRLANGA

                    (telegrafista)
Los chistes los coge de
los periódicos, es muy
leído.

                    CABO CUMBA
Birlanga, usted al
telégrafo. Y ya le veré
más tarde en la
instrucción, va usted a
sudar bien la chaqueta.

                    BIRLANGA
         (Se lleva la punta de los dedos a la
         cabeza al estilo militar)
Sí, mi cabo.

                    CABO CUMBA
Bueno, el penúltimo.
¿Sabéis quiénes son los
ministros más
espiritistas de Europa?

                    PÚBLICO
¡Noooo!

                    CABO CUMBA
Los ingleses. ¿Para qué
coño preocuparse de
cuestiones pasajeras,
como el rearme de
Alemania o la guerra de
España...? ¡Cuándo
tenemos enfrente toda la
eternidad, qué crisis
terrenales importan! El
Gobierno de Su Graciosa
Majestad habla
directamente con los
espíritus: "Aquí Lord
Chamberlain, póngame con
el más allá". Mientras
tanto, Hitler y
Mussolini van

repartiéndose el más
acá.
                    (risas y aplausos de los
            tripulantes)

LA RONDALLA COMIENZA A TOCAR *HIJOS DEL PUEBLO*

*Hijo del pueblo, te
oprimen cadenas,
y esa injusticia no
puede seguir;
si tu existencia es un
mundo de penas
antes que esclavo
prefiere morir.
En la batalla, la hiena
fascista,
por nuestro esfuerzo
sucumbirá;
y el pueblo entero, con
los anarquistas,
hará que triunfe la
libertad.*

*Trabajador, no más
sufrir,
el opresor ha de
sucumbir.
Levántate, pueblo leal,
al grito de revolución
social.
Fuerte unidad de fe y de
acción producirá la
revolución.
Nuestro pendón uno ha de
ser:
sólo en la unión está el
vencer...*

La canción es coreada por todos. Tripulantes y
pasajeros se han dispuesto por grupos sobre el
puente, la cubierta, a proa, a popa. Cantan y
levantan el puño izquierdo como señal de victoria.

Mientras, vemos la quilla por la proa surcar el mar
hasta que termina la canción.

42. INT. BARCO MAR CANTÁBRICO.
    En una cámara del mercante se reúne el Comité
    Sindical de a bordo, dirigido por Otero. Están con
    él: Luis Martínez, Eugenio Llorens, Santiago Bilbao,
    Evaristo Peris y Jesús Barreiro. SOBREIMPRESIÓN: **23
    de febrero, 1937.**

                              OTERO
                    Este primer boletín que
                    vamos a publicar a
                    partir de hoy, uno
                    diario, hasta llegar a
                    España, tendrá noticias
                    del barco y de los
                    frentes, consejos que
                    den ánimo,
                    instrucciones... He
                    escrito esto, a ver que
                    os parece:
                    "Salimos de España con
                    rumbo a América en busca
                    de material de guerra
                    para llevar a nuestros
                    milicianos armas para
                    defender nuestras
                    libertades y aplastar
                    para siempre al
                    fascismo. Las armas que
                    llevamos son para
                    nuestros camaradas y si
                    en el camino se
                    presentara el enemigo,
                    lucharíamos con las
                    manos hasta dar nuestra
                    vida, primero cadáveres
                    antes que entregar
                    cobardemente las
                    armas...
                        (un silencio)
                    así piensa el Comité y
                    así tenéis que pensar

vosotros, el que así no
lo hiciera, sería un
enemigo nuestro, y como
tal se le trataría".

                TODOS
Bien, muy bien...

                OTERO
El Cabo Cumba también ha
escrito algo. Sabéis que
se va a ocupar de la
instrucción militar.

            CABO CUMBA
        (Carraspea y lee)
El soldado bisoño ve
peligros donde no los
hay. El veterano sabe
por experiencia que, de
cada cinco mil
disparos, sólo uno hace
carne. Ni el ruido de
los cañonazos, ni la
bala cuyo silbido se
oye, matan. No hay
peligro mayor que el
huir, porque las balas
corren más. Sólo los
cobardes tiran el fusil.
Los hombres no huyen
jamás.

            SANTI BILBAO
Un poco exagerado lo de
los cinco mil disparos
sin acertar ni uno.
        (se ríen)

                OTERO
He diseñado, con la
ayuda del cabo y del
capitán, dónde tiene que

estar cada uno en caso
de ataque en la mar:

A popa, al servicio de
un cañón de tiro rápido,
estarán Cumba y los
mexicanos Gallo y Franco
Santana. Dos
ametralladoras, las
Hotchkiss de cinco
cañones, a babor y a
estribor, servidas una
por Giovanni Gessich y
el mexicano Solórzano, y
otra el mexicano Zabala
y el norteamericano
Golden. Con fusiles
ametralladores: el
italiano Battista en el
puente alto, en la
cubierta de botes
Máximo Almenar, y
Giusseppe Gessich, al
lado de la escotilla 3;
Veiga en el puente alto
y Luis Valle en el
castillo de proa. Otra
ametralladora Hotchkiss
en el entrepuente, a
cargo del búlgaro y de
Urdiain. Como fusileros,
con fusiles, estarán los
marineros gallegos Paz,
Pena y González, el
contramaestre, el
camarero Del Valle, el
calderetero, y además
tú, Barreiro.

                    LUIS MARTÍNEZ
          Si tuviésemos uniformes
          nos daría más
          organización y moral.

                    OTERO
          Somos trabajadores, no
          militares. Nuestro
          uniforme es la ropa de
          trabajo.

                    PERIS
          Y yo, ¿de qué me
          encargo? Dadme algo que
          hacer.

                    OTERO
          Como tercer oficial ya
          tienes bastante, pero en
          caso de jaleo organiza
          la atención a los
          heridos.

                    CABO CUMBA
          Tenemos que decir a
          todos que las
          probabilidades de llegar
          a puerto son de 99
          contra 1.

                    OTERO
          Y añadimos que si ésta
          se da, por la libertad
          se entrega la vida muy a
          gusto.

43. EXT. EN ALGÚN LUGAR DEL OCÉANO ATLÁNTICO. DÍA.
      El *Mar Cantábrico* navega por un mar tranquilo. El
      periscopio de un sumergible emerge cerca. Lo vemos
      en primer plano y al fondo el mercante.

44. INT. *MAR CANTÁBRICO*. PUENTE.

Otero habla con el capitán.

                    OTERO
          En el comité hemos
          establecido señales si
          hay combate: una pitada
          será "llamada general",
          todos en sus puestos;
          dos pitadas: "listos
          para la lucha"; tres
          pitadas: "fuego
          continuo", una pitada
          larga y tres cortas:
          "detener el fuego"; y
          dos largas y tres
          cortas: abandonar el
          buque.

                    SERAFÍN
          Está bien pensado, pero
          habrá que hacer
          prácticas para que la
          gente lo aprenda. ¿Algo
          más?

                    OTERO
          Micó nos aconseja que
          naveguemos con bandera
          inglesa, con el nombre
          del *Adda*, de Newcastle.
          Si al acercarnos a
          Santander no tenemos
          escolta, lo mejor es que
          nos confundan con un
          barco británico. Gordón
          está insistiendo todos
          los días al ministro
          para que nos escolten...
          No tienen barcos con
          suficiente armamento. En
          el norte sólo está el
          destructor *José Luis
          Díez*.

                    SERAFÍN
          Entonces hay que cambiar
          el aspecto del barco, no
          sólo el nombre y la
          bandera.
          Tengo aquí un registro
          de barcos británicos.

El capitán coge un libro de tapas rojizas. Lo abre.
Se ven siluetas y datos técnicos de barcos de la
mercante inglesa.

                    OTERO
          Sí, se parecen, los
          palos, el casco negro.

                    SERAFÍN
          El *Adda* es más pequeño y
          tiene una toldilla en
          la popa.

45. EXT. CUBIERTA DEL *MAR CANTÁBRICO*. DÍA.
    Mientras navegan, los hombres se ocupan de camuflar
    el barco como si fuese el *Adda Newcasttle*. Los
    voluntarios extranjeros (los cuatro mexicanos y el
    búlgaro) pintan la chimenea de negro, tapando el
    ancla blanca, símbolo de la Compañía Marítima del
    Nervión. Golden y el cabo Cumba dirigen la
    colocación de una toldilla de madera en la popa,
    ayudados por Santiago Bilbao, el camarero Eugenio
    Llorens y el tercer oficial Evaristo Peris. La labor
    más delicada es el cambio de nombre. Tienen que
    descolgar con dos cuerdas a un hombre (cabo Cumba)
    por la borda, sentado sobre una tabla y atado un
    cabo a su cintura como seguridad. El barco navega a
    marcha lenta mientras el hombre pinta. Vemos como
    cubre con pintura blanca el nombre auténtico del
    buque y como rotula el nuevo nombre inglés.

46. INT. CAMAROTE DE JOSÉ OTERO. NOCHE.
    El Delegado del Gobierno escribe en su cuaderno
    sobre un pequeño escritorio, una tabla sujeta a la
    pared con unas tiras. SOBREIMPRESIÓN: **Viernes, 26 de
    febrero, 1937.**

                    OTERO (EN OFF)
Navegamos bandera
inglesa. Deseamos saber
si esto implica peligro.
Otero.
          (ahora coge un modelo impreso para
          pasarlo al radiotelegrafista y
          escribe en él)
Dirección: LBA.
          (lee las letras que ha escrito en su
          cuaderno y escribe las cifras en el
          impreso, para lo que tiene que
          consultar la clave X)
Texto: N 27, A 10,
guión, V 06, E 17,
guión...

47. EXT. EL CRUCERO CANARIAS EN EL MAR. ANOCHECER.
    El crucero franquista sale del puerto militar y de
    la ría de Ferrol y navega a toda máquina.
    SOBREIMPRESIÓN: **Ferrol, 3 de marzo, 1937.**

48. INT. PUENTE DE MANDO DEL CRUCERO *CANARIAS*. DÍA.
    En el puente el comandante y dos oficiales.

                    COMANDANTE MORENO
          La mar gruesa en la
salida de la ría no ha
impedido que el *Canarias*
navegue estupendamente.
Ha quedado bien reparado
después del choque con
el mercante griego.
Podemos volver con
tranquilidad al
Mediterráneo. Rumbo a
Gibraltar.
          (Poco después entra un marinero de
          uniforme blanco, le saluda y le
          entrega una nota)

                    COMANDANTE MORENO

(Lee el mensaje para sí
y dice luego en voz
alta)
Cambio de órdenes.
Viramos. Vamos a la
costa norte. Tenemos
caza mayor.

49. INT. CAMAROTE DE JOSÉ OTERO. NOCHE.
    SOBREIMPRESIÓN: **Viernes, 5 de marzo, 1937.**

                         OTERO
               (repasa lo que ha escrito en su
               cuaderno)
          A pesar esfuerzos
          imposible llegar antes
          del domingo noche.
          Recibido su cable
          quedamos avisados.
          Mañana daremos fecha
          exacta de llegada.
          Serafín. Otero.
                    (ahora coge un modelo impreso para
                    pasarlo al radiotelegrafista y
                    escribe en él)
          Dirección: LBA.
                    (lee las letras que ha escrito en su
                    cuaderno y escribe las cifras en el
                    impreso, para lo que tiene que
                    consultar la clave X)
          Texto: A 10, P 02,
          guión, E 17, S 05...

50. INT. TELÉGRAFO EN UNA ESTACIÓN DE RADIO.
    Suena un telégrafo trasmitiendo, vemos un teletipo.
    En la transcripción del télex vemos cifras en
    grupos.

                    AMANCIO FERREIRO (EN OFF)
          De Valencia para Bilbao.
          7 de marzo, 1937. 21.15
          horas. Del ministro de
          Marina y Aire al

presidente Gobierno
vasco. Embajador España
en México en despacho
recibido hoy me comunica
lo siguiente:
telegrafía vapor "Mar
Cantábrico" diciendo
llegará frente Santander
lunes tarde y pregunta
si es mejor entrar por
la noche. Creyendo ese
punto debe decidirlo
Vuestra Excelencia, se
lo comunico para que
haga transmitir sus
órdenes a barco la
estación de Santander.
Le digo que caso no
recibir órdenes entren
de noche. También me
dice "Mar Cantábrico"
que si es protegido por
aviación conviene que
aeroplanos no vuelen
sobre el barco para
evitar confusiones y
como añade que no
comunicará con estación
Santander ni Bilbao más
que en caso forzoso,
creo convendría fuera
ésta o escuadra quienes
le llamaran para
establecer contacto. Me
permito encarecer a
Vuestra Excelencia
emplee barcos de guerra
para proteger "Mar
Cantábrico", que
seguramente estará muy
vigilado por el enemigo.
Fin.

51. INT. CRUCERO *CANARIAS*. PUENTE DE MANDO. DÍA.

SOBREIMPRESIÓN: **Crucero *Canarias*, 23 horas, domingo 7 de marzo, 1937.** Un marinero de uniforme blanco después de un saludo militar entrega al comandante Salvador Moreno un radiotelegrama, que el comandante lee en voz alta.

                    COMANDANTE MORENO
          De Estado Mayor a
          Comandante crucero
          Canarias. Radio
          interceptado a *rojos* de
          ministro de Marina a
          Presidente Gobierno
          vascongado dice:
          "*Embajador México me
          comunica lo siguiente:
          Me telegrafía vapor Mar
          Cantábrico diciendo
          llegará frente a
          Santander lunes tarde y
          pregunta si es mejor
          entrar de noche*". Se
          ordena al acorazado
          España, al auxiliar
          Ciudad de Valencia y al
          Canarias que estrechen
          distancias y establezcan
          red de vigilancia
          costera.
          Pasaremos la noche aquí.
          Todos a descansar.
          Mañana nos espera un día
          de caza.

La cámara se abre para enseñarnos un paisaje de costa, se ven las luces de reflectores buscando enemigos en el mar. SOBREIMPRESIÓN: **Ría de Bilbao.**

52. INT. PUENTE DE MANDO DEL CRUCERO *CANARIAS*. DÍA.
    SOBREIMPRESIÓN: **Lunes, 8 de marzo, 1937.** Un reloj en el puente indica la hora: 11 horas y 8 minutos.

                    COMANDANTE MORENO

He decidido aprovechar
nuestra velocidad para
ir a por la presa. Rumbo
316 (tres uno seis),
motor 25 nudos.
          (a un oficial que está en una mesa
          con mapas)
Oficial de derrota
calcule rumbo en espiral
logarítmica, a partir de
un punto entre 80 y 100
millas, a donde debemos
llegar al mediodía.

RELOJ DEL PUENTE: 11 HORAS Y 40 MINUTOS. SUENA
          LLAMADA INTERIOR. CONTESTA OFICIAL.
                ALFÉREZ LOSTAU
Aquí el puente...
          (al Comandante Moreno)
Comandante, nuestra
estación radio capta una
emisión de un buque sin
identificar a la
estación pesquera ECP.
El mensaje es MO, que
repite tres veces.

                COMANDANTE MORENO
MO. Están intentando
llamar a la isla de
Mouro, la estación radio
de la bahía de
Santander. Usen el
radiogoniómetro para
localizar la señal de
ese barco.

     EL OFICIAL MUEVE LA ANTENA DIRECTIVA DE UN
RADIOGONIÓMETRO, HASTA QUE SE ESCUCHAN UNA SEÑALES
RADIOTELEGRÁFICAS REPETIDAS, TELEGRAFÍAN MO – MO –
MO. AL MOVER LA ANTENA LA SEÑAL DISMINUYE Y VUELVE
  DE NUEVO A AUMENTAR CUANDO RECUPERA LA POSICIÓN.
                ÁLFEREZ LOSTAU

La señal es más fuerte
en el rumbo 009 (cero
cero nueve).

                    COMANDANTE MORENO
Oficial de derrota
marque rumbo para la
demora de ese barco.

EL OFICIAL SE AFANA EN EL MAPA CON REGLA Y COMPÁS.

                    OFICIAL DE DERROTA
Rumbo 020 (cero dos
cero).

                    COMANDANTE MORENO
Vamos a por él, a toda
máquina.

53. INT. SALA DE JUICIO DEL TRANSPORTE DE LA ARMADA
CONTRAMAESTRE CASADO. DÍA.
    Habla el testigo Salvador Moreno, comandante del
Canarias. La cámara enfoca un primer plano del
comandante para cerrar y abrirse en el mar, viendo
lo que narra: LA PERSECUCIÓN Y COMO EL MERCANTE SE
DETIENE TRAS UN CAÑONAZO DEL CRUCERO.

                    COMANDANTE MORENO
A las 13.40, el *Mar
Cantábrico* ponía proa al
norte intentando huir,
inútilmente, ante la
superior velocidad de
nuestro crucero.
Poco antes de las 14
horas, estábamos tan
cerca que, desde
estribor, podíamos ver
la bandera inglesa y el
nombre de *Adda Newcastle*
pintado con mayúsculas
en la popa.
El *Canarias* se colocó a
la altura de la

embarcación, pudiendo yo
observar la presa al
paso. En ese momento nos
hallábamos a 115 millas
al norte de Santander.
Les hicimos saber por el
código internacional de
señales que debía parar
las máquinas, pero sólo
obedecieron tras un
cañonazo de saludo.

54. EXT. EN LA MAR. DÍA.
El crucero *Canarias* y el mercante *Mar Cantábrico*,
uno enfrente del otro, a la par, a marcha lenta.

ALFÉREZ LOSTAU
(por megáfono)
Envíen una embarcación,
no utilicen la radio y
arríen su bandera.

No se ve a nadie en cubierta ni en el puente de
mando del mercante, pero sí se escuchan los gritos
de una persona que, oculta y valiéndose de un
megáfono, protesta en inglés por la retención en
aguas internacionales.

GOLDEN
(por megáfono)
*Our ship is British and
we are in international
waters. You can not stop
us! You can not stop us!*

55. INT. SALA DE JUICIO DEL *CONTRAMAESTRE CASADO*. DÍA.
El testigo Salvador Moreno, comandante del *Canarias*,
sigue su relato de la captura.

COMANDANTE MORENO
Desobedeciendo las
órdenes el mercante
comenzó a emitir por

radio llamadas de
socorro en inglés dando
su posición y utilizando
el numeral del *Adda*.
Tres horas después una
decena de pesqueros
franceses y cuatro
destructores ingleses
acudían a la llamada del
Mar Cantábrico. Por
radio los oficiales
británicos nos
preguntaron por la
identidad del carguero
que reteníamos; les
respondí que no era el
Adda sino el barco
español *Mar Cantábrico*.
Desde uno de los
destructores se envió un
bote para examinar de
cerca el carguero. Tras
aquel examen visual se
desentendieron del caso.
Antes de la llegada de
los destructores
ingleses, sobre las
14.25, ordené
zafarrancho de combate y
lanzar un proyectil de
120 de aviso, pero, por
efecto de la marejada
gruesa, les alcanzó por
la amura de babor y
penetró en la bodega de
proa. Decidí no utilizar
más los cañones, por
temor a hundir el
cargamento. Ordené
barrer con fuego de
ametralladora la
cubierta y el puente,
para rendir a los
tripulantes, pero no

dieron señales de vida.
Si enviaba un bote para
abordar el navío pondría
en peligro la vida de
mis marineros. Así que
opté por esperar.

56. INT. PUENTE DEL CRUCERO *CANARIAS*. ATARDECER.
    SOBREIMPRESIÓN: **Crucero *Canarias*, 8 de marzo, 1937,
    17 horas.**

                        COMANDANTE MORENO
            Oficial tome nota de
            este mensaje para el
            capitán del *Mar
            Cantábrico*: "Le invito a
            la sensatez. No hay
            remedio para usted. Sus
            llamadas de auxilio son
            inútiles. Tiene usted el
            deber de salvar a su
            dotación, así como yo el
            de hundirle sin
            contemplaciones si esta
            amonestación no da
            resultado". Páselo a la
            estación radio.

57. EXT. LOS DOS BUQUES, EL MERCANTE Y EL *CANARIAS*
ENFRENTE UNO DE OTRO EN ALTA MAR. DIA.

58. INT. PUENTE DEL *CANARIAS*. DIA.

                        ALFÉREZ LOSTAU
                (entra en el puente, saluda al
                comandante y le entrega un papel)
            Un radio del mercante en
            inglés. Lo hemos
            traducido así,
            comandante.

                        COMANDANTE MORENO
                (lee la nota)

"Capitán del *Adda* a
comandante del *Canarias*,
por favor espere hasta
llegada de barcos de
guerra ingleses".
                    (tras un momento pensativo)
Contesten: "No puedo
esperar. Le hundiré si
no acepta esta mi última
invitación. Garantizo
respeto a las vidas a
bordo".

59. INT. SALA DE JUICIO DEL *CONTRAMAESTRE CASADO*. DÍA.
    Continúa su relato el testigo Salvador Moreno.

                    COMANDANTE MORENO
Mientras esperaba una
respuesta observé que
había movimiento a bordo
del *Mar Cantábrico*.
Tripulantes con chalecos
salvavidas se acercaban
a los botes, y llegaron
a descolgar uno. De la
motonave salía bastante
humo. Decidí actuar con
los cañones de 120.
Ordené disparar a popa y
a los palos. Al perforar
el casco con la primera
descarga, a la altura de
la bodega de popa, no
hizo falta ni una
andanada más. Se echaron
escalas por ambos
costados, el abandono
era un hecho. Tres botes
estaban ya en el mar y
no se veía a nadie en
cubierta. Eran las cinco
y media de la tarde. Con
la noche encima,
maniobramos para recoger

                         a los que escapaban.
                         Primero con dos botes.
                         El tercero, en el que
                         iba el capitán, huía
                         envuelto en las primeras
                         sombras de la noche,
                         pero lo perseguimos con
                         proyectores hasta
                         capturarlo. Cerca ya se
                         veían luces de pesqueros
                         franceses...
                                 (El relato del comandante puede ser
                                 utilizado como descripción de
                                 escena).

60. EXT. INT. CRUCERO *CANARIAS*. NOCHE.
    Los tripulantes del *Mar Cantábrico* suben a bordo del
    Canarias. Se les encierra en dependencias del
    crucero, no sin antes registrarles y requisarles el
    dinero y los efectos personales que llevan entre los
    chalecos salvavidas: dinero, relojes, que son
    entregados por un oficial al comandante Moreno. En
    cubierta forma una dotación de presa del *Canarias*,
    de trece hombres, al mando de un teniente de navío,
    que se dispone para abordar en un bote de nueve
    metros al *Mar Cantábrico*. Entre los hombres de la
    dotación del crucero integran al oficial Coll y al
    maquinista Santi Bilbao, los únicos detenidos que no
    han sido encerrados.

61. EXT. BOTE DE PRESA. ANOCHECER.
    El bote se dirige al mercante, en la proa, como
    rehenes, el oficial tiene encañonados con su pistola
    a Coll y Santi. Suben los primeros marineros por las
    escalas de la quilla del mercante. Luego los dos
    detenidos, el oficial y el resto de los trece
    hombres de la dotación de presa.

62. INT. *MAR CANTÁBRICO*. PASILLO Y CAMAROTE DE OTERO.
ATARDECER.
    En un pasillo los de la dotación del *Canarias*
    observan que sale humo de un camarote. Cuando están
    intentando abrirlo se oye dentro un disparo.
    Consiguen entrar en el compartimiento y ven arder

documentación sobre un camastro y un hombre tendido
con la cabeza destrozada y a su lado una pistola. Es
José Otero Pesado.

63. INT. ESTUDIO DE AMANCIO FERREIRO. NOCHE.
Escribe en el ordenador, a la luz de una pequeña
lámpara de mesa. Detrás, la ventana muestra las
luces públicas en la noche.

> AMANCIO FERREIRO (VOZ EN
> OFF)
> En un primer momento, la
> prensa internacional dio
> al *Mar Cantábrico* por
> hundido en el Golfo de
> Vizcaya. Así lo señalaba
> el *New York Times*, por
> ejemplo, en su edición
> del 9 de marzo.
> > (vemos la noticia en el *New York
> > Times*)
> Gordón se desesperaba en
> su despacho en la
> embajada. ¿Cómo era
> posible que, a pesar, de
> sus cablegramas,
> hubiesen dejado sin
> escolta al mercante
> republicano más famoso
> en todo el mundo,
> después de su
> espectacular salida de
> Nueva York? El
> veterinario leonés
> desconocía que el 7 de
> marzo el comandante y
> varios oficiales del
> *José Luís Díez* habían
> desertado en Burdeos,
> dejando al destructor
> republicano estropeado
> por sabotaje.
> Desde el cuartel general
> de Franco se emitió una

nota de prensa
felicitándose de la
captura de un barco
"pirata", con un
cargamento bélico
valorado en 40 millones
de pesetas y denunciaba
la actitud del Gobierno
de México, que burlaba
la neutralidad
norteamericana porque
los aviones habían sido
comprados en Estados
Unidos.

64. EXT. EN LA MAR. DÍA.
Los dos barcos navegan por un mar relativamente
tranquilo. Delante el crucero *Canarias*, que precede
a un *Mar Cantábrico* con una escora de 5°. De este
barco, de la popa, sale una leve columna de humo y
se oyen explosiones de los cartuchos intermitentes,
como si fuesen petardos de feria. En un plano
general vemos como los dos buques navegan uno tras
otro.

65. INT. CRUCERO *CANARIAS*. PUENTE.

COMANDANTE MORENO
(al oficial de derrota)
Esperemos que el humo
ahogue el fuego en la
bodega de popa. Corremos
el riesgo de que vuele
todo, por intentar
salvar la carga.
Los hombres que van ahí
merecen una medalla.
Haga una lista de la
dotación de presa. Anote
aparte los nombres de
los maquinistas del *Mar
Cantábrico* que están
ayudando.

66. EXT. ARSENAL Y CALLE REAL. FERROL. DÍA.
    SOBREIMPRESIÓN: **Ferrol, 10 de marzo, 1937.**
    El *Mar Cantábrico* entra en la ría de Ferrol,
    precedido del crucero *Canarias*, y con una ligera
    escora del casco. Fondea frente a la villa de
    Mugardos, mientras el *Canarias* lo hace en el
    Arsenal. El comandante y la tripulación del *Canarias*
    desembarcan para pasear sus hazañas en desfile por
    las calles de la ciudad, desde el Arsenal,
    recorriendo casi toda la calle Real, la principal
    vía, hasta su final, hasta el edificio de Capitanía
    General (próximo al Parador Nacional que hoy existe)
    acompañados de una banda de música militar, son
    vitoreados y aclamados por la gente a su paso.

67. EXT. MUELLE DEL ARSENAL. TRANSPORTE *CONTRAMAESTRE
CASADO*.
    Sobre la imagen del transporte que recorre la
    cámara, escuchamos la voz en off de AMANCIO
    FERREIRO. Su narración ilustra las imágenes: el
    defensor, el fiscal, el tribunal asistiendo a misa
    en la iglesia castrense.

                            AMANCIO FERREIRO (EN OFF)
                En un viejo transporte
                de la Armada, el
                Contramaestre Casado,
                amarrado al muelle del
                Arsenal ferrolano,
                tuvieron lugar los dos
                consejos de guerra
                contra los tripulantes y
                pasajeros del *Mar
                Cantábrico*. El 13 de
                marzo de 1937 se
                celebraba el primer
                consejo de guerra contra
                la tripulación, apenas a
                los tres días de la
                arribada del barco a la
                ciudad. En dos jornadas
                se había tomado
                declaración a todos los
                procesados españoles. El

defensor, un comandante
de Intendencia de
Marina, nombrado de
oficio el día anterior
había tenido menos de 24
horas para preparar el
juicio de cuarenta y
cinco acusados. El
comandante auditor Gómez
de Barreda les había
calificado como una
"pequeña torre de Babel
de siniestros
individuos" y su vida a
bordo como "un régimen
marxista puro", donde
"el comité primero y el
Delegado Otero después
hacían y deshacían",
pero pedía pena de
muerte para todos los
procesados. Para el
militar existía igual
responsabilidad en el
que ordenaba como en los
que obedecían.
Eran las diez de la
mañana cuando se abrió
la vista de la causa.
Media hora antes, el
tribunal había asistido
en la iglesia de San
Francisco a una misa del
Espíritu Santo, para
implorar su iluminación,
como era la costumbre.
          (las narraciones de AMANCIO FERREIRO
          pueden ser utilizadas como
          descripción de escena, vemos a los
          militares en la misa)

68. INT. CONSEJO DE GUERRA. FERROL.
    Primer plano del alférez Lostau.

                    ALFÉREZ LOSTAU
    Cuando subimos a bordo,
    el oficial Coll no
    mostró colaboración en
    explicarnos como estaba
    distribuida la carga.
    Quiso engañarnos
    diciendo que el no se
    había ocupado de esa
    tarea. Después, en su
    camarote, encontramos
    planos de como se había
    repartido en las
    bodegas.
              (pausa...)
    El cabo Cumba es un
    viejo conocido nuestro,
    estuvo en el *Juan
    Sebastián Elcano*, hasta
    que desertó en Nueva
    York. Supe luego que
    andaba haciendo
    propaganda comunista.
              (pausa...)
    Ningún tripulante del
    Mar Cantábrico hizo uso
    de las armas contra
    nosotros.

En otro momento del consejo. Tras una transición.

                    COMANDANTE MORENO
    Mientras estuvo bajo mi
    mando el cabo José Cumba
    mostró muy buena
    conducta.

Los miembros del tribunal tienen en su mesa el
sumario abierto. La cámara lo muestra abierto,
mientras habla el comandante. El presidente del
tribunal militar coge una fotografía de la
tripulación, en plano de detalle vemos a los hombres
que yerguen el puño.

69. INT. COMPARTIMIENTOS PARA LA MARINERÍA EN EL
CONTRAMAESTRE CASADO. NOCHE.
       Desde el rostro de Santiago Bilbao, la cámara se
       abre al recinto. Varios presos del MAR CANTÁBRICO,
       con el pelo rapado, están comiendo trozos de pan
       oscuro y una sopa caldosa en platos metálicos.
       Cerca están los *coys* (lonas colgadas por los dos
       extremos para servir de lecho).

                         SERAFÍN
                    Nos van a juzgar con
                    leyes militares. Así son
                    los consejos de guerra.
                    Seguramente nos acusarán
                    de rebelión militar, de
                    promoverla o de
                    adhesión. La pena:
                    muerte o perpetua.
                    Nuestra única defensa es
                    que cumplíamos con
                    nuestro trabajo.

                         URDIAIN
                    ¿Y los que embarcamos
                    voluntarios en Nueva
                    Yok?

                         PEDRO A. PÉREZ
                    Si reconociesen mi
                    nacionalidad cubana. Es
                    mi mejor defensa.

                         CABO CUMBA
                    Tenemos que alegar que
                    estábamos en paro y
                    queríamos regresar a
                    España para trabajar y
                    sin pagar el viaje.

                         COLL
                    Que fue Otero el que os
                    ofreció trabajo.

                         CABO CUMBA

Hay que decir que el que
mandaba era Otero, el
capitán del barco era
él. El Código Penal de
la Marina de Guerra
condena a muerte a los
jefes de la rebelión, no
a los que cumplen las
órdenes.

                    COLL
Hay otros que pueden ser
jefes. Battista, el
italiano. Era bajito
pero echado para
delante, les hizo frente
con su pistola.
Higareda, el
santanderino, pregonó
que quería volar el
barco antes de
entregarlo.

                    SANTI
BILBAO
¿Qué habrá sido de los
dos gallegos, Boo y
Ansín? ¿Les recogerían
los franceses?

                    URDIAIN
Los franceses, si les
vieron sí, pero los
ingleses harían por no
verlos.

                    LUIS MARTÍNEZ
Tenemos que escribir a
casa, hay que conseguir
certificados de buena
conducta de los curas,
de alcaldes, de
Falange... de quien sea.

                    COLL
Valencia es republicana.
Ahí no llegan nuestras
cartas.

                    PERIS
Sabéis que mi mujer es
de Ferrol. Su familia
tenía relación con los
Franco, y ella de niña
jugaba con los tres
hermanos. Además creo
que unos vecinos de aquí
declararán en el juicio
a mi favor.

                    SERAFÍN
          (se levanta y mientras se dirige a
           su *coy* dice)
Hay que utilizar todo lo
que se pueda. Bilbao aún
es republicano. Es
curioso que tenga que
caer para pedir un
informe que me puede
salvar la vida, pero los
aviones de la Legión
Cóndor y los italianos
bombardean la ciudad.

                    URDIAIN
Yo serví en la Granja
de Alloz, el monasterio
de Iranzu, en Navarra.

                    CABO CUMBA
Hemos tenido mala
suerte. La mayor parte
de los barcos llegan a
puerto. Sino fuese por
el *Canarias*...

                    COLL

Alguien nos localizó en
el Atlántico. Cuando
cambiamos el rumbo al
norte, después de
Canarias. ¿Los alemanes,
los portugueses?

                    SANTI BILBAO
Los submarinos alemanes
tienen de base Ferrol y
Vigo. Ahora ya qué
importa! Si tuviésemos
escolta... Nos dejaron
solos.

                    COLL
¿Y si fueron los propios
norteamericanos para
hacer cumplir la
neutralidad?

70. INT. PRISIÓN DE LA ESCOLLERA. ARSENAL DE FERROL.
    El capitán Serafín Santa María se enfrenta de pie al
    juez instructor del sumario 50/37, auxiliado éste
    por un secretario. Estos dos tienen uniforme, el
    capitán con camisa blanca.

                    AMANCIO FERREIRO (OFF)
En los dos días
siguientes a la llegada
del buque se les tomó
declaración a todos los
procesados, a los
cuarenta y cinco de
nacionalidad española y
a los extranjeros, que
serían juzgados más
tarde que los españoles,
en un consejo de guerra
aparte. La mayoría
responsabilizó a Otero
de las decisiones en el
buque, señalando varios
la pancarta que había

colocado a su llegada a
Veracruz. Declaraban que
el comité sindical no
decidía nada. Los
tripulantes decían
conocer el cargamento,
pero no cómo se había
adquirido ni por orden
de quién, basando su
presencia en el barco en
razones profesionales.
El capitán Serafín fue
el primero en declarar.

                SERAFÍN
El *Mar Cantábrico* es un
barco de la Compañía
Marítima del Nervión,
confiscado por el
Gobierno de la
República. Yo soy un
empleado, llevo trece
años en la Compañía,
desde los 17 años...
        (transición temporal)
El primer viaje que
hicimos fue a Ibiza,
para desembarcar en la
isla unas milicias. El
segundo fue a Mallorca
para entregar unas
motoras a la Marina.
Luego fuimos a
Liverpool, y después a
Nueva York y a Veracruz.
        (transición temporal)
El comité de a bordo era
la representación
sindical. Tal y como
está establecido en la
Marina mercante se
ocupaba de las
condiciones laborales de
la tripulación. Los del

comité cambiaban a
menudo por votación, no
recuerdo quiénes lo
formaban.
     (transición temporal)
Estaba afiliado a la
Sociedad de Capitanes y
Pilotos de la Marina
Mercante, que en mayo de
1936 se integró en la
UGT.
En el boletín de a
bordo, Otero ponía el
sello del comité
sindical para darle más
validez, pero a bordo
José Otero era la
autoridad suprema, como
delegado del Gobierno.
     (transición temporal)
Fueron varios los que
querían quemar el barco:
el italiano Battista,
con una pistola hizo
frente a la tripulación
de presa del *Canarias*,
hasta que le detuvieron,
escondido en un camarote
y el alférez Lostau le
mandó fusilar allí
mismo; Higareda, el
santanderino, bajó a una
bodega, donde había más
munición, le prendió
fuego y se disparó en la
cabeza. Otero quería
abandonar el barco
dándole antes a toda
máquina.
     (...)
No pude arriar la
bandera inglesa ni
contestar a los radios
del *Canarias*, no me lo

permitió Otero. Cuando
éste se encerró en su
camarote, pensé que
Higareda estaría
incendiando la bodega y
que estallaría todo,
entonces ordené largar
los botes.
                (...)
Nunca ordené hacer
resistencia, porque los
hombres no tenían ni
formación ni experiencia
militar.

71. INT. ESTUDIO DE AMANCIO FERREIRO. NOCHE.

                        AMANCIO FERREIRO (EN OFF)
Hasta once hombres más
se enrolaron en
Veracruz, engrosando lo
que ya era una verdadera
internacional. Dos
hermanos de Brooklyn, de
apellido Gessich, que
declararon que eran
austríacos, a pesar de
su nacimiento en Italia,
y que militaban en el
Partido Comunista.
Habían llegado de Nueva
York con un camión
cargado con ocho bultos
de ropa de los
controlados y embarcados
por el Comité
Antifascista de Nueva
York. El camión fue
introducido en el navío.
Otros siete extranjeros
subieron al *Mar
Cantábrico* en el puerto
mexicano. El búlgaro
Yzvetan Kovtechev, de 33

años, pelo negro y barba
poblada, aparecía como
sindicado en UGT. El
marino Martin Jay
Golden, que dijo ser
natural de Nueva York y
pertenecer al Partido
Comunista.
Junto a ellos subieron
cuatro estudiantes
mexicanos. Eran José
Carlos Gallo y Manuel
Zabala, del Partido
Comunista. Los otros dos
apenas superaban los
veinte años: Alejandro
Franco y Ricardo
Solórzano. A la variedad
de la dotación se añadió
el italiano La Forgia,
un marinero de
veinticuatro años,
comunista, y otros dos
de nacionalidad
española: Luis Valle
Larregui, del Partido
Comunista, de Bizkaia, y
el gallego Francisco
Veiga, de Ferrol, que
fue fogonero en el
cañonero mexicano
Querétaro hasta que lo
abandonó para pasarse al
Mar Cantábrico.

72. INT. PRISIÓN ESCOLLERA. ARSENAL MILITAR. FERROL.
    SOBREIMPRESIÓN: **Prisión de la Escollera, Arsenal
    Militar, Ferrol, marzo, 1937.**
    Una mujer está de pie frente a dos militares de la
    Armada sentados ante una mesa. Uno escribe en una
    máquina de escribir y otro pregunta. El secretario
    se levanta y le ofrece una silla a la mujer. Ella se
    sienta.

SOCORRO

Me llamo Socorro
Barbarena, tengo 20
años. Subí al barco el
día 18 de febrero, a las
6 de la tarde. Me
presenté al Jefe
Otero...

        (transición, para indicar tiempo de
        pregunta)

Tenía relaciones con el
camarero Eugenio
Llorens, que me propuso
irme a España con él y
pensé que pasaría mucho
tiempo antes de que
volviera por Veracruz.

        (transición)

Sí, nos casó en el barco
el capitán. Me dijeron
que el matrimonio era
legal, que lo
inscribirían al llegar a
España.

        (...)

No escuché a nadie decir
que viniese a combatir,
sólo que venían a
trabajar, otros pensaban
como marineros.

        (...)

El que habló en inglés
con el *Canarias* fue el
americano Golden.

FUNDIDO A NEGRO. SE ABRE EN EL MISMO LUGAR. EL
                          DETENIDO RESPONDE DE PIE.

GOLDEN

Martin Jay Golden, de
Nueva York, soy
carpintero, plomero y
pintor. Tengo 25 años,
estoy casado.

        (transición temporal)

Me enrolé unos días
antes de salir. Vi en la
prensa que necesitaban
gente para trabajar. Me
presenté a bordo y hablé
con el jefe Otero, él me
dio cinco pesos
mexicanos, y le entregué
mi pasaporte. Me
prometió darme más
dinero al llegar a
España.

                JUEZ INSTRUCTOR
Ese pasaporte no ha
aparecido a bordo.
Comprobaremos con el
cónsul norteamericano su
nacionalidad. ¿Sabía que
el barco llevaba
suministros militares?

                GOLDEN
Me enteré en alta mar.
Al embarcar vi unas
cajas grandes en la
cubierta, y después supe
que eran aviones. Si lo
hubiera sabido antes, no
habría embarcado, yo
sólo quería venir a
España para trabajar.

                JUEZ INSTRUCTOR
¿Que puesto de combate
tenía a bordo?

                GOLDEN
Pusieron mi nombre en el
boletín del barco en un
puesto de ametralladora,
pero yo no sé manejarla.
No me pareció
aconsejable quejarme, en

mi situación, además el
tono del Sr. Otero se
volvió más brusco
durante el viaje.

                JUEZ INSTRUCTOR
¿Fue usted quién
comunicó al *Canarias* que
el *Mar Cantábrico* era
inglés?

                GOLDEN
Sí. Estaba durmiendo y
me despertó Higareda, me
amenazó con una pistola
diciéndome que tenía que
ir con él...
Me llevó al puente. Allí
me dieron una gorra de
oficial y un
impermeable. Otero me
ordenó que dijese por la
radio en inglés que
nuestro barco era el
Adda Newcasttle, y que
no disparasen antes de
la llegada de los buques
de la *Royal Navy*.
   FUNDIDO A NEGRO. SE ABRE EN EL MISMO LUGAR.

                SOLÓRZANO
Me llamo Ricardo
Solórzano, estudiante,
20 años, nací en Ameca,
estado de Jalisco,
México.
             (pasa un tiempo, el necesario para
                una pregunta del instructor...)
Embarqué en Veracruz, un
día antes de salir.
Venía del barco español
Motomar, en el que
llevaba un mes, que

estaba en el puerto pero
sin fecha de salida.
          (transición...)
Sí, sabía que llevábamos
material de guerra para
la zona republicana.
          (transición)
Se me ordenó servir una
ametralladora. Lo vi
escrito en un boletín
que pegaron en un
mamparo, pero no conocía
el manejo de las armas.
     FUNDIDO A NEGRO. SE ABRE EN EL MISMO LUGAR

                    ZABALA
Manuel Zabala, 21 años,
de Guadalajara, Jalisco.
Estudiante.
          (transición...)
Embarqué unas horas
antes de salir, con
Gallo y Solórzano, por
medio del cónsul español
en Veracruz. Veníamos
los tres del *Motomar*.
          (transición)
Sabía que el barco traía
aviones y armas para los
republicanos.
          (transición)
Me enrolé como marinero
de cubierta, pero si nos
atacaban tenía que
ayudar con una
ametralladora en la
popa.
          (transición)
No sé manejar una
ametralladora ni ninguna
otra arma.
          (transición)
No conozco ninguna
oficina de reclutamiento

en México para la guerra
en España.
          (transición)
Sé de la situación de
acá por los periódicos.

    FUNDIDO A NEGRO. SE ABRE EN EL MISMO LUGAR.

                   KOVTECHEV
Izvetan Kovtechev, 33
años, nacido en
Perushtitsa, Bulgaria.
Estaba en Veracruz
buscando un barco para
regresar a Europa y ver
a mis padres, cuando me
hablaron del *Mar
Cantábrico*. Embarqué la
noche antes de salir,
por lo que no vi qué
carga llevaba hasta
estar en alta mar...
          (se detiene y saca un sobre)
Les ruego envíen esta
carta a los
representantes de mi
país.
          (recuerda en off su carta)
Al Sr. Ministro
Plenipotenciario del
reino de Bulgaria en
París: viajando de
Veracruz a Europa en el
buque español *Mar
Cantábrico,* fuimos
detenidos y detenido
estoy en las prisiones
de la Escollera de
Ferrol, acusado de
rebelión militar. Le
escribo para pedirle que
se ponga en contacto con
mis padres para
comunicarles mi

situación y para que
vele por la garantía de
mis derechos como
ciudadano búlgaro.

73. INT. ESTUDIO DE AMANCIO FERREIRO. NOCHE.
    Está escribiendo. Sus palabras sirven de narración
    de fondo.

                    AMANCIO FERREIRO
              En la tarde del viernes
              12 de marzo, cuando el
              juez instructor del
              sumario 50/37 se afanaba
              con los interrogatorios
              de los cincuenta
              procesados tuvo que
              interrumpir su tarea
              para acudir con ur-
              gencia, acompañado del
              secretario, al mercante.
              Al abrir las escotillas
              de la bodega de popa
              número cuatro, se había
              descubierto en su
              interior el cadáver de
              un hombre de mediana
              edad, con un salvavidas
              puesto y con una
              linterna, tenía una
              pistola y una lata de
              gasolina cerca y
              mostraba una herida que
              parecía de bala en la
              región temporal derecha
              y extensas quemaduras en
              diferentes partes del
              cuerpo, hechas
              probablemente con
              posterioridad a su
              muerte. El teniente
              médico de la Armada que
              participó en el

levantamiento del
cadáver estimó, por el
estado del cuerpo, con
el abdomen hinchado, que
llevaba muerto cinco o
seis días. Le fue
practicada la autopsia
el sábado en el Depósito
Municipal y los
mexicanos José Carlos
Gallo y Ricardo Solórzano
declararon que se
llamaba Higareda y que
sólo sabían que era de
Santander.

74. INT. HOSPITAL NAVAL. FERROL.
En una habitación están dos mujeres, tienen dos
camas metálicas. Una está acostada. La otra, Socorro
Barbarena, está de pie, junto a una ventana.

                    SOCORRO
        ¿Cómo son capaces de
        tenerte tanto tiempo
        detenida?

                    ESTHER CASARES
        Mi padre era el
        presidente del Gobierno
        el 18 de julio, y mi
        marido capitán de la
        escolta de Azaña, el
        presidente de la
        República. Castigándome
        a mí les quieren hacer
        daño a ellos, pretenden
        que se entreguen. Lo que
        más me duele es que no
        puedo estar con mi hija
        en Coruña, está con sus
        abuelos.

                    SOCORRO

Son unos cobardes. El
fiscal ha pedido muerte
para todos los del
barco, hasta para los
menores de edad. Los
fusilarán a todos. Es un
simple camarero…

                    ESTHER CASARES
No, ten esperanza. Tu
marido se salvará. No
era un jefe.
          (tose, llevándose un pañuelo a la
          boca)

                    SOCORRO
Descansa, no hables.
(pausa, silencio corto)
Eugenio... No he vuelto
a verle desde el 10 de
marzo. Me han llevado de
aquí para allá, no
sabían dónde dejarme, y
al final, aquí, en el
hospital de Marina.

Se abre la puerta y entran dos agentes de policía de
paisano.

                    SOCORRO
               (les reconoce)
¿A dónde me llevan
ahora?

                    UN AGENTE
A la frontera con
Portugal, para
entregarla a un
representante de su
país. Prepare sus cosas.

Los agentes salen. Socorro se acerca a la cama de
Esther, se sienta en ella y se abrazan.

75. EXT. PUERTA HOSPITAL NAVAL. FERROL.
    Salen Socorro y los dos policías de paisano. Ella
    lleva una maleta en la izquierda. Un policía la
    coge del brazo derecho y la introduce en un
    automóvil negro.

76. INT. DESPACHO. ARCHIVO DE MARINA. FERROL.
    AMANCIO FERREIRO entra en la habitación que se usa
    como sala para investigadores. Una mesa en el
    centro, en las paredes estanterías con boletines,
    diarios oficiales y viejos libros. En medio de la
    mesa hay una carpeta archivador, al lado un sobre
    ocre de tamaño medio, dentro el hombre encuentra
    unas tarjetas con fotografías de perfil y de frente,
    nombre y descripción física de los tripulantes del
    Mar Cantábrico en México.
    Salto hacia atrás en el tiempo, vemos un calendario
    de abril de 1937. En la misma sala que utiliza
    AMANCIO FERREIRO, 60 años antes, el fiscal de la
    causa 50/1937 escribe a máquina su informe con tinta
    azulada sobre unos gruesos folios de papel
    amarillento. Mientras teclea una gran máquina de la
    época, tiene una botella de brandy español al lado y
    un vaso medio lleno del que bebe mientras escribe.

                        FISCAL (OFF)
              Se ordena la formación
              de pieza separada de la
              causa 50/37, contra los
              súbditos extranjeros del
              vapor *Mar Cantábrico.*
              En el folio ciento
              veintitrés Giovanni
              Gessich dice que embarcó
              en Veracruz después de
              traer, con su hermano,
              un camión lleno de ropa
              de Cruz Roja de Nueva
              York, dice que no tenía
              puesto asignado en caso
              de ataque, que sabía que
              se dirigía a España
              porque se lo dijo Otero
              pero que desconocía el

puerto de destino y
cuando se produjo el
apresamiento le quitó
una ametralladora al
italiano Battista cuando
pretendía disparar sobre
la dotación de presa del
Canarias...
De la declaración que
obra en el folio 125, se
deduce que el mexicano
José Carlos Gallo sabía
la naturaleza del
cargamento y había visto
unos pasquines de
reclutamiento. En caso
de ataque, estaba como
sirviente de un cañón de
revólver que dirigía el
tripulante llamado *El
Búlgaro*. Éste declara
que a bordo le enseñaron
a armar y desarmar
mecanismos de
artillería, y que él
obedecía porque era
extranjero y no se podía
expresar con facilidad.
En el folio 126, el
declarante, Alejandro
Franco dice haber
embarcado el día 18 de
febrero simulando ser
un estibador del puerto
y que se ocultó hasta el
día siguiente, cuando se
presentó al jefe del
barco porque tenía
hambre y sed, y que ese
jefe le dio de comer y
le dijo: "en buen sitio
te has metido". El tal
Alejandro Franco dice
desconocer que el barco

viniese a España, él
pensaba que iba a Nueva
York o Inglaterra, donde
buscaría trabajo. Afirma
que a bordo sólo
realizaba tareas de
limpieza y pintura y no
tenía puesto de combate
porque la tripulación no
le tenía confianza.

77. INT. SALA DE JUICIO DEL *CONTRAMAESTRE CASADO*.

                    FISCAL
                    (Gritando enfurecido)
          Los hechos son constitutivos de
un delito de adhesión a la rebelión
antiespañola y marxista patrocinada
por el Frente Popular, por lo que
pedimos la máxima pena que señala el
punto 2º del artículo 128 del Código
Penal de la Marina de Guerra, por
adhesión a una rebelión militar: la
pena de muerte.
     (transcurre un lapso de tiempo)

                    SECRETARIO DEL TRIBUNAL
               (leyendo la sentencia)
          Serafín Santa María
          Ruiz: se le condena a
          muerte pues está probado
          que tomó parte como
          capitán en todos los
          hechos en que intervino
          el buque desde el inicio
          del movimiento nacional
          contra éste, y era
          presidente del Comité de
          a bordo. Consideramos
          como segundo jefe a José
          Cumba, por ser el
          encargado de la
          instrucción militar de
          la tripulación. Deben

ser estimados como
dirigentes los que
formaron parte del
comité rojo de a bordo,
y adheridos a la
rebelión en primer grado
los radiotelegrafistas
que intervinieron en las
comunicaciones del barco
y los que subieron a
bordo en Nueva York y
Veracruz con la
intención de sumarse en
España a la rebelión
contra el Ejército
salvador de la Patria...
            (hace una pausa para beber...)
Se consideran como
agravantes que en la
cubierta del mercante se
dispusieron armas
ofensivas
(ametralladoras y
fusiles, y un cañón en
la popa) y que intentase
burlar la vigilancia del
Canarias con la bandera
inglesa, además de las
llamadas al Almirantazgo
británico por radio.
Los condenados querían
mantener la rebelión
republicana aportando una
remesas de material de
guerra de procedencia
extranjera, que
especialmente, y con
voluntarios extranjeros
reclutados por el
Frente Popular y
organizaciones
revolucionarias de todo
el mundo...

(mientras lee, vemos los rostros de
los condenados a muerte: Serafín,
Cumba, Santiago Bilbao, Birlanga,
Pedro Pérez, Peris, Urdiain...,
mientras el oficial Coll respira
aliviado)

78. EXT. MUELLE DE FERROL. ATARDECER.
El buque *Mar Cantábrico* está amarrado al malecón.
Marinos de la Armada dan fuego a unos montones de
ropa y calzado, que están en cajas abiertas sobre el
muelle. Delante un cartel sobre una peana: "Material
marxista del *Mar Cantábrico*. Se incinera por orden
de SANIDAD". Algunas personas intentan acercarse y
cogen ropa y zapatos, a pesar de la oposición de los
marineros, que les empujan.

79. INT. NOCHE. DENTRO DE LA CAPILLA DE ARTILLERÍA. PUNTA
DEL MARTILLO. ARSENAL DE FERROL.
Encerrados ocho hombres en un pequeño edificio, de
paredes de piedra. Tras un enrejado de hierro de dos
metros de alto, Santa Bárbara sobre una columna, a
su lado dos cirios encendidos sobre unos candelabros
que se apoyan directamente en el suelo. Los presos
se sientan en dos bancos corridos. Ensimismados, no
hablan. SOBREIMPRESIÓN: **Ferrol, 8 de julio, de 1937.**

LA CÁMARA SE PARA EN LA FAZ SERIA DEL CAPITÁN
SERAFÍN SANTA MARÍA, PARA VER SUS PENSAMIENTOS.

OLEAJE, LIBRE.

80. INT. CUERPO DE GUARDIA. PUNTA DEL MARTILLO. NOCHE.
Varios infantes de Marina beben vasos de un licor.
Forman parte del piquete. Algunos están limpiando y
probando su máuser, abren y cierran el cerrojo de
carga de las balas. Siguen bebiendo.

81. EXT. ARSENAL MILITAR DE FERROL. PUNTA DEL MARTILLO.
PATIO TRASERO DEL EDIFICIO DEL CUERPO DE GUARDIA.
AMANECER.
SOBREIMPRESIÓN: **Ferrol, 8 de julio, 1937.**

Amanece un día gris, neblinoso, que amenaza lluvia.
Se escucha el mar, chapotea como llamando a los
marinos presos.
El reloj del Arsenal marca las 7 de la mañana. Se
oye el toque de diana. Los presos son sacados de la
capilla. Les atan las manos a la espalda. El piquete
de fusilamiento se coloca en el patio de apenas seis
metros de fondo. A un lado los cinco miembros del
tribunal militar, y dos frailes mercedarios. El
secretario del tribunal va llamando a los
condenados, que se van situando en el paredón:

                    SECRETARIO
          Serafín Santa...

                    SERAFÍN
          Serafín Santa María
          Ruiz, capitán del *Mar*
          Cantábrico, al servicio
          del pueblo español y del
          Gobierno de la
          República.

Interrumpe su lectura el secretario, que se calla y
mira sorprendido. Sus compañeros de condena siguen
su ejemplo en una reacción de rabia y orgullo y
gritan su nombre y su rol en el barco mientras se
van colocando a su lado.

                    PERIS
          Evaristo Peris Navarro,
          tercer oficial del *Mar*
          Cantábrico.

                    ALMENAR
          Maximo Almenar López,
          mozo y soldado canario.

                    VEGA
          César Vega León,
          engrasador, de Galicia.

                    DEL VALLE

Jaime del Valle Sebina,
camarero, de Alicante.

                    ORTIZ
Miguel Ortiz Donaire,
camarero y andaluz.

                    ARANAGA
Ángel Aranaga Santurtún,
de Baracaldo, Bizcaia.

                    CABO CUMBA
José Sebastiá Cumba,
cabo, para siempre.

                    LLORENS
Eugenio Llorens
Caballer, camarero.

Sobre la imagen del rostro de Llorens vemos en qué
piensa: recuerda a Socorro, cómo la conoció en el
muelle de Veracruz, su boda en el barco..., los
recuerdos se interrumpen al oscurecerse el cuadro.
Un infante les venda los ojos. El capitán Serafín se
niega.

                    OFICIAL DE INFANTERÍA DE
                    MARINA
Carguen...
            (Abren los cerrojos de los máuseres.
            Los marineros del pelotón cargan sus
            fusiles con una bala de 7 mm.
            Cierran los cerrojos)
Apunten... ¡Fuego!

Suenan los disparos y los nueve hombres caen con
manchas rojas surgiendo sobre las camisas blancas.
Un médico militar se acerca a los cuerpos y les toma
el pulso. Junto a él, otro -el oficial que ha
dirigido el pelotón- dispara el tiro de gracia a dos
que aún estaban con vida. Los cuerpos son apilados
en un camión militar por milicianos, unos encima de
otros, de manera desordenada. Alguna cabeza queda
sobre el borde del vehículo. La cámara en plano

cenital sobre la cara del cadáver y al fondo el
suelo que pasa.

82. EXT. CAMIONETA POR LA CARRETERA. AFUERAS DE FERROL.
DÍA.

Seguimos viendo en cenital la carretera que pasa,
camino del cementerio. Nos da la impresión de que
los cadáveres siguen vivos, que aún sienten lo que
sucede. Fondo musical: *HIJOS DEL PUEBLO*.

> *Trabajador, no más*
> *sufrir,*
> *el opresor ha de*
> *sucumbir.*
> *Levántate, pueblo leal,*
> *al grito de revolución social.*

La camioneta llega con los cuerpos sangrantes al
cementerio rural de San Mateo y se detiene cerca de
una fosa abierta en la tierra, al pie del muro
exterior blanco del camposanto.
Los cuerpos son arrojados al suelo, cerca de una
fosa que están cavando dos hombres de paisano, dos
enterradores. La camioneta, conducida por militares,
se marcha. Los hombres terminan su labor y recogen
uno a uno los cuerpos, para depositarlos en la fosa,
los van colocando uno encima de otro, y la cabeza de
uno sobre los pies de otro, para aprovechar el
espacio.

83. EXT. PUNTA DEL MARTILLO. ARSENAL MILITAR DE FERROL.
PATIO TRASERO DEL EDIFICIO DEL CUERPO DE GUARDIA.
AMANECER.

Se repite la escena del día 8.
SOBREIMPRESIÓN: **Ferrol, 9 de julio, 1937.**
Amanece un día gris, neblinoso, que amenaza lluvia.
Se escucha el mar, chapotea como llamando a los
marinos presos. Suena el toque de diana. Los presos
son sacados de la capilla. Les atan las manos a la
espalda o entre ellos, de dos en dos. El piquete de
fusilamiento se coloca en el patio de apenas seis
metros de fondo. A un lado los cinco miembros del
tribunal militar y dos frailes mercedarios. El

secretario del tribunal va llamando a los ocho
condenados, que se van situando en el paredón:

                          SECRETARIO
          Santiago Bilbao Andraca,
          electricista. Juan
          Birlanga Roses,
          radiotelegrafista.
          Pedro Antonio Pérez
          Pérez,
          radiotelegrafista. Tomás
          Urdiain Iruzulegui,
          marinero. Jesús Barreiro
          Lodeiro, engrasador.
          Luis Martínez
          Montemuiño, marinero.
          Andrés García Castro,
          marinero. José Tomás
          Fernández Saavedra,
          marinero.

A Birlanga se le doblan las piernas y cae de
rodillas. Le levantan dos frailes.

                         SANTI BILBAO
          Juan, apóyate en mi, que
          esos cobardes no nos
          vean vacilar.
                    (mirando a los del tribunal)

Les vendan los ojos. Sobre el rostro de Santiago
Bilbao, que contiene la emoción, la cámara abre su
última carta a su familia escrita unas horas antes,
en la capilla de Artillería mientras esperaba el
fusilamiento:

                       SANTI BILBAO (OFF)
          Dos letras, nada más,
          para deciros que el
          último momento de mi
          vida es para vosotras y
          mis hijos; cumplo como
          buen padre e hijo y con
          mi mujercita. No me

llores mucho, nena, ni
tú, madre mía, muero
tranquilo y feliz;
porque nada he hecho.
Perdono a los que me
condenaron, no es de
nadie la culpa mas que
de la vida, que Dios les
perdone si puede. Que
seáis felices, tanto
como hubiera querido
haceros yo. Qué más os
puedo decir, que me voy
contento si aún dentro
de mi situación no
podéis avergonzaros de
mí, ya sabéis que sólo
trabajé para mis
hijos...

LA VENDA EN LOS OJOS. FUNDIDO A NEGRO.

OFICIAL DE INFANTERÍA DE MARINA
(voz en off sobre la pantalla
oscura)
Carguen...
(Se oyen los cerrojos de los
máuseres)
Apunten... ¡Fuego!
(la escena del fusilamiento se puede
ambientar con la música inicial del
acto II del ballet *El lago de los
cisnes*, de Tchaikovsky. De duración
sobre 3 minutos, desde el minuto
2:30, aproximadamente, suenan golpes
de percusión intermitentes que se
harán coincidir con disparos. Al
tiempo, vemos como uno de los
frailes golpea su cruz metálica
sobre la palma de su mano mientras
suenan los disparos -homenaje a la
película *El acorazado Potemkin*-)

84. EXT. MUELLE DE VERACRUZ. MÉXICO. DÍA.

SOBREIMPRESIÓN: **Veracruz, 17 de julio, 1937**.
Socorro baja de un barco por una pasarela de madera.
Al llegar es recibida por unos periodistas.

SOCORRO

A Eugenio lo fusilaron
hace una semana. Antes,
en abril, fusilaron a
los cuatro mexicanos,
con Golden, que no pudo
demostrar que era
norteamericano, y el
búlgaro Kovtechev. Les
habían acusado sin
pruebas de ir a España
para alistarse en las
Brigadas
Internacionales. A los
tres italianos no les
juzgaron, quizás fue
peor, porque los
entregaron en Salamanca
a agentes de Mussolini.
A mi, por ser mujer, el
tribunal consideró que
no iba a combatir, pero
la verdad es que ningún
hombre del barco,
español o extranjero,
disparó un sólo tiro
contra los marines del
Canarias.
(pausa)
El Gobierno de Portugal
intentó que no fusilaran
a los mexicanos. Su
embajador intercedió por
ellos ante Franco,
recordándole que los
portugueses les habían
ayudado localizando el
barco en el Atlántico.

85. EXT. PLANO GENERAL. UNA CARRETERA. DÍA. AMANECER.
SOBREIMPRESIÓN: **México, agosto 1937.**
Un día soleado. Una carretera estrecha, modesta,
desierta de coches, con árboles por ambos lados.
Aparece un automóvil negro, un *Hispano Suiza* T60. Le
vemos acercarse, desde lejos. No vemos el interior.
Circula rápido por una carretera polvorienta. El
auto aminora antes de tomar un curva. Al salir de
ella, de repente, desde la derecha dos hombres con
sombreros disparan sobre el vehículo con armas
cortas. Una docena de disparos se hunden en la chapa
del vehículo y en la rueda de repuesto del costado
derecho, rompen dos ventanas, hieren al chófer que
pierde el control y el auto se estrella contra un
árbol. Los hombres dejan de disparar y se acercan,
pero a lo lejos, tras un cambio de rasante, se ve
aparecer una camioneta. El viejo vehículo se
aproxima renqueante, lleno de campesinos que se
protegen del sol con sombreros de paja. Los dos
hombres dan vuelta sobre sus pasos hasta un coche
aparcado a un lado, suben y arrancan con prisa.
La camioneta se detiene cerca del coche accidentado.
Bajan gritando los campesinos y abren las puertas
del vehículo con dificultad. Delante, el chófer
tiene una herida en el brazo derecho, detrás está
Gordón Ordás con una herida abierta en la frente, de
la que brota sangre. Medio aturdido por el golpe.

                    GORDÓN
          Ayúdenme, por favor.

SOBREIMPRESIÓN: **Félix Gordón Ordás, presidente de la
República Española en el exilio (1951-1960) vio como
la ONU reconocía al Gobierno de Franco. Murió en
México en 1973.**

86.INT. PRISIÓN ESCOLLERA. ARSENAL MILITAR. FERROL.
SOBREIMPRESIÓN: **La Escollera, Ferrol, agosto 1939.**
Dos militares de la Armada sentados ante una mesa.
Uno prepara una máquina de escribir mientras el otro
le habla.

                    INTERROGADOR

Estaba en su pueblo,
haciendo una vida
normal, hasta que le han
detenido.

Entra un hombre de mediana edad, vestido con
pantalón oscuro y camisa clara. Se coloca de pie
frente a los militares.

                              INTERROGADOR
          ¿Es usted Juan Boo
          Sieira, viudo, hijo de
          Manuel y Benita, nacido
          en La Puebla del
          Caramiñal hace 43 años?

                              JUAN BOO
          Sí, señor.
                    (una pausa temporal)
          Me enrolé a finales de
          diciembre de 1934, en
          Barcelona, como mozo
          para barrer la cubierta
          y otros trabajos de
          limpieza a bordo. Estuve
          en el "Mar Cantábrico"
          hasta el 8 de marzo de
          1937.

                              INTERROGADOR
          ¿A qué partido
          pertenecía?

                              JUAN BOO
          A ninguno. Sólo a la
          Unión General de
          Trabajadores. Si no
          estabas en un sindicato
          no podías navegar.

                              INTERROGADOR
          ¿Aconsejó quemar el
          barco antes de

entregarlo a los
nacionales?

              JUAN BOO
Yo no dije semejante
cosa. Oí que lo pensaban
hacer Higareda, el
italiano Battista, y el
delegado Otero.

              INTERROGADOR
¿Qué puesto tenía
encomendado para
defender el barco en
caso de abordaje de los
nacionales?

              JUAN BOO
No tenía ninguno, porque
no sabía disparar.

              INTERROGADOR
¿Perteneció usted al
comité sindical del
barco?

              JUAN BOO
No, nunca.

              INTERROGADOR
     (le muestra la imagen en grupo de la
     tripulación en la cubierta del *Mar
     Cantábrico*)
¿Se reconoce usted en
esta fotografía?

              JUAN BOO
Sí, soy yo.

              INTERROGADOR
¿Por qué levanta el
puño?

              JUAN BOO

Para no parecer un
fascista.

                    INTERROGADOR
¿Cómo escapó del barco?

                    JUAN BOO
Me tiré al mar desde la
toldilla de popa y nadé
unas tres horas, hasta
que fui recogido por un
pesquero francés. Me
llevaron a Arcachon,
cerca de Burdeos.

                    INTERROGADOR
¿Se tiró al mar alguien
más?

                    JUAN BOO
Sí, Cándido Ansín, un
marinero. Pero le perdí
de vista. Debió
ahogarse.

                    INTERROGADOR
¿Se reconoce en esta
fotografía?
          (le muestra una noticia de la prensa
          francesa en la que se le ve en el
          pesquero francés, con el puño
          izquierdo levantado)

                    JUAN BOO
A ver, sí, soy yo.

                    INTERROGADOR
Está con el puño
levantado, otra vez. A
alguno de sus compañeros
le fusilaron por ese
detalle, ¿sabe?

                    JUAN BOO

                    Era la costumbre... Como
                    estaba en Francia y los
                    franceses eran todos
                    republicanos…

SOBREIMPRESIÓN: **Juan Boo fue condenado a reclusión
perpetua. Salió en libertad condicional en 1944. La
mayor parte de sus compañeros habían sido liberados
dos años antes.**

87. INT. ESTUDIO DE AMANCIO FERREIRO. NOCHE.
    Escribe en su ordenador. A un lado, sobre la mesa,
    tiene un plato con un bocadillo y una lata de
    cerveza.

                              AMANCIO FERREIRO (EN OFF)
                    El 1 de abril de 1939,
                    el día del final de la
                    República en España, el
                    almirante de la flota
                    franquista Francisco
                    Moreno entraba en el
                    puerto de Cartagena
                    utilizando como buque
                    insignia el mercante *Mar
                    Cantábrico*, apresado por
                    su hermano Salvador, y
                    artillado y convertido
                    en crucero auxiliar de
                    la flota fascista.

El hombre abre una aplicación de *mail* y entran
varios correos electrónicos. Vemos mensajes
publicitarios y/o *spam* que el hombre va eliminando,
pero de repente se fija en uno con remitente
desconocido para él: *Sara*, <u>Asunto</u>: *Mar Cantábrico*.
AMANCIO FERREIRO lo lee.

                              SARA SANTAMARÍA (EN OFF)
                    Hola, me llamo Sara
                    Santamaría, soy nieta de
                    Serafín Santamaría y de
                    Socorro Barbarena. En

primer lugar, le
felicito por su artículo
sobre el viaje del *Mar
Cantábrico*. Quiero
agradecerle su
investigación sobre la
historia del barco que
capitaneaba mi abuelo,
pero está usted en un
error: mi abuelo no
murió fusilado. Tengo
previsto viajar a Ferrol
a finales de este mes y
me gustaría, si le es
posible, que me enseñara
la tumba dónde están
enterrados sus
compañeros. Quiero
pedirle como obtener
información del consejo
de guerra que condenó a
muerte a mi abuelo, para
pedir su anulación. Creo
que es el mejor homenaje
a su memoria. No puede
quedar manchado por un
delito de rebelión
militar alguien que
sirvió al Gobierno
legítimo.

88. EXT. CEMENTERIO DE SAN MATEO (NARÓN, A CORUÑA). DÍA.
AMANCIO FERREIRO y SARA SANTAMARÍA se encuentran al
lado de la tumba donde reposan los restos de los
tripulantes del mercante fusilados en Ferrol en
1937. Vemos la losa de granito actual con sus letras
metálicas: EN RECUERDO DE LOS QUE DIERON LA VIDA POR
LA LIBERTAD DEP

SARA SANTAMARÍA
Según me contó mi padre,
el médico militar que
comprobaba la muerte de
los fusilados, no

                    sabemos bien por qué,
                    pero se saltó a mi
                    abuelo, por despiste o a
                    propósito, nunca lo
                    sabremos. Lo cargaron en
                    la camioneta con los
                    demás, aún vivo,...

89. EXT. CEMENTERIO DE SAN MATEO. NARÓN. DÍA
    La camioneta llega con los cuerpos sangrantes al
    cementerio rural de San Mateo y se detiene cerca de
    una fosa abierta en la tierra, al pie del muro
    exterior blanco del camposanto.
    Los cuerpos son arrojados al suelo, cerca de una
    fosa que están cavando dos hombres de paisano, dos
    enterradores. La camioneta, conducida por militares,
    se marcha. Los hombres terminan su labor y recogen
    uno a uno los cuerpos, para depositarlos en la fosa,
    los van colocando uno encima de otro, con la cabeza
    de uno sobre los pies de otro. Cuando cogen al
    capitán, uno se da cuenta de que está aún vivo.

                        ENTERRADOR 1
                    Un mal fusilado. Avisa a
                    Don Avelino. ¡Apura!

    El segundo enterrador sale corriendo y al poco le
    vemos venir con andar apresurado con un sacerdote
    al lado, mayor, vestido con la sotana negra
    tradicional, hasta los pies, que le sigue por
    detrás.

90. EXT. CEMENTERIO DE SAN MATEO. NARÓN. DÍA.
    AMANCIO FERREIRO y Sara de pie, uno frente a otro,
    cerca de la tumba de los tripulantes.

                        SARA SANTAMARÍA
                    El cura debía ser de los
                    pocos que no colaboraron
                    con la represión.
                    Escondió a mi abuelo en
                    su casa y llamó a un
                    médico. Estuvo entre la

> vida y la muerte... Se
> recuperó y pudo marchar
> a Francia en un barco de
> pesca, con varios
> escapados de los que se
> escondían en el monte.
> Cuando terminó la 2ª
> Guerra Mundial trabajó
> de oficial en la marina
> mercante francesa y en
> un viaje regresó a
> Veracruz. Buscó a mi
> abuela. Se casaron en
> 1947 y tuvieron un hijo,
> mi padre. Así nací yo,
> dicen que me parezco a
> Socorro.

> AMANCIO FERREIRO
> Pero Serafín, ¿no
> regresó a España?

> SARA SANTAMARÍA
> Murió en diciembre de
> 1975.

> AMANCIO FERREIRO
> Un mes después que
> Franco. En cierta forma,
> tú has vuelto en su
> lugar.

91. EXT. PUNTA DEL MARTILLO. ARSENAL. DÍA.
   En el patio trasero del Cuerpo de Guardia, donde se
   producían los fusilamientos. La cámara ofrece el
   paisaje urbano, desde allí se contempla como la
   ciudad sube por la colina desde el mar hasta Canido.
   AMANCIO FERREIRO y SARA de pie, uno frente a otro.

> AMANCIO FERREIRO
> Esta gente sufrió las
> decisiones de la gran
> política. Mira, en 1941,
> sólo cuatro años después

de la apurada salida del
Mar Cantábrico de Nueva
York, EE.UU. dejó de
lado su política de
neutralidad, no sólo
participó activamente en
la guerra contra el
fascismo, además cedió a
la URSS 14 mil aviones,
7.500 tanques… Un total
de casi 12 billones de
dólares de entonces. Los
republicanos españoles
ayudaron a liberar
Europa, pero las
democracias no le
devolvieron el favor.
Les condenaron al
exilio, a ser unos
apátridas. Eran
demasiado rojos. España
y Portugal se
convirtieron en la
trastienda de las
democracias
occidentales.

                    AMANCIO FERREIRO
En este estrecho patio
les disparaban. A esta
distancia no podían
fallar el tiro, pero
algunos del piquete
estaban bebidos. Era la
costumbre.

                    SARA SANTAMARÍA
¿A cuántos mataron aquí?

                    AMANCIO FERREIRO
Casi un centenar.

                    SARA SANTAMARÍA

Y mi abuelo el único que
sobrevivió. Fue el puro
azar que ahora esté
aquí.

                AMANCIO FERREIRO
El pasado recobra vida.

                SARA SANTAMARÍA
Si recuperamos la
memoria…, lo que pasó.
Al cambiar la visión que
tenemos, el pasado
transforma el presente.
Para ellos hay algo peor
que la muerte.

                AMANCIO FERREIRO
Sí, el olvido, la
amnesia...

                SARA SANTAMRÍA
        (mirándole)
Claro. Sus vidas
recuperan ahora su
sentido.

                AMANCIO FERREIRO
Querían hacerlos
desaparecer, pero no lo
lograron. Bueno, hay un
documental por hacer...

                SARA SANTAMARÍA
Y yo voy ayudarte,
quieras o no.

                FIN